Aspire with Grace

나를 위한 현명한 욕심이 인생을 바꾼다

아름답게 욕망하라

|조주희 지음|

중앙books

지금보다 더 나은 인생을 꿈꾼다면

Prologue

당신, 지금 어떻게 살고 있는가?

내가 이런 질문을 후배들에게 던질 때 돌아오는 대답은 다양하다. 졸업이나 취업에 여념이 없어 어떻게 사는지 생각할 겨를이 없다거나, 아니면 일이 너무 바빠 하루하루가 어떻게 지나가는지 모르겠다는 대답이 다반사다.

그런데 이 정도 대답이면 오히려 양호한 편이다. 내가 제일 난처하게 느끼는 대답은 '글쎄요. 그냥 사는 거죠, 뭐….' 라는 식의 대답이다. 인생을 어떤 식으로 운영할지에 대한 계획이 전혀 없고, 본래 별로 잘난 것도 없기 때문에 큰 욕심도 없으니 더 이상 발전을 기대하기도 어렵다는 것이다.

앞으로 자신의 삶이 어떻게 풀리게 될지 생각하기도 피곤하다는 식의 대답을 듣게 되면 나는 갑자기 숨이 훅 막히고, 인생에 대한 냉소적인 그의 태도에 화도 슬며시 난다. 물론 한 치 앞도 알 수 없는 것이 인생이지만, 나만의 소중한 인생이고, 또 누가 대신 살아줄 수도 없는 소중한 하루하루가 아닌가.

사형선고를 앞둔 누군가에게는 목숨과도 바꾸고 싶은 소중한 시간을 덧없이 보내는 사람들에게, 또 후배들에게 꼭 해 주고 싶은 말이 있다. 사람으로 태어난 이상, 우리에게 주어진 각자의 몫이 있고, 이를 어떤 방향으로 이끌어갈지는 온전히 스스로의 판단에 달려 있다는 것.

자신의 인생을 어떻게 발전시킬 수 있을지에 대한 고민과 노력을 다하는 사람의 인생과, 본인의 처지를 그저 비관하며 시간을 흘려 버리는 사람의 인생은 수십 년 뒤에는 판이하게 다를 수밖에 없다. 내가 앞으로 어떻게 살아갈지, 그리고 내 능력으로 내가 속한 곳에서 제 몫을 제대로 해내기 위해서는 내 능력을 얼마나 끌어올려야 하는 것인지를 치열하게 고민하며 사는 것이 소중한 인생에 대한 최소한의 예의며 삶의 도리라 생각한다.

개인의 성공을 가늠하는 척도는 다양하다. 하지만 부를 축적하는 것 이상으로 인생에서 가치 있는 일은 바로 내게 주어진 조건과 환경 속에서 나를 최대한으로 성장시키는 것이다. 물론 대대손손 타고난 부자도 있고, 빼어난 미모의 소유자도 있지만 자신에게 주어진 상황에서 내가 어느 정도까지 발전할 수 있는지에 대한 고민은 인생을 업그레이드시킬 수 있는 촉진제가 된다.

취업이 급한 20대건, 또 사회생활에 어지간히 이력이 붙어 매너리즘에 빠진 30대 역시 지금 잠시 멈추어 서서 내가 어디로, 또 내가 뜻하는 대로 가고 있는지를 점검해 볼 수 있어야 한다.

다들 좋다고 하는 길이라 생각 없이 따라가는 것은 아닌지, 정작 본인은 의지가 없는데 부모님이나 주변의 압력에 이리저리 끌려 다니며 소중한 인생을 허비하고 있는 건 아닌지 깨달을 수 있어야 한다.

외신기자로 살아온 지도 벌써 25년째. 내가 태어난 1969년 이후 이 나라는 반세기 동안 극적인 경제성장을 이루었고, 너무나도 단기간에 많은 것이 변했다. 근 25년이라는 세월 동안 격변하는 한국에서 하루 24시간 무슨 일이 일어나고 있는지, 그리고 미국의 청중들이 한국이라는 나라의 어떤 점에 관심을 두고 있는지를 염두에 두며 늘 촉을 세워왔다.

기자가 되겠노라 결심한 것은 고등학생 때부터였다. 어린 나이에 집안의 반대를 무릅쓰고 유학을 결심했고, 여자가 무슨 유학이냐는 등 적당히 공부해 좋은 집에 시집이나 가는 것이 마치 인생의 정답이라는 듯 강요하는 한국 사회의 싸늘한 시선에도 굴하지 않았다.

　이화여자대학교 정치외교학과에 입학한 후 치열하게 유학 준비를 했고, 유학을 떠나고 말겠노라 부모님께 선포를 했다. 대학 1학년을 마치고 나서 가까스로 워싱턴 D.C.로 유학을 떠나 조지타운 대학에서 국제정치외교학 학사와 석사학위를 받았다. 이후에는 CNN 서울에서 통역사로 활동하고 CBS 워싱턴 D.C. 지국에서 인턴십을 거쳐 졸업 후 ABN(아시아비즈니스뉴스)에 입사했다.

　30대가 시작된 1999년부터는 워싱턴포스트 서울 특파원과 ABC 뉴스 한국 지국장을 겸임하며 틈틈이 연세대학교에서 저널리즘을 강의하고, 한국 지상파 방송들의 시사 프로그램 등을 진행했는데 근 십년 동안 후회없이 열정 넘치고 바쁜 나날을 보냈다. 2007년 글로벌 디지털화를 선포한 ABC 뉴스에서 새로 뽑은 전 세계 7명의 글로벌 디지털 기자 중 한 명으로 발탁돼 한국, 일본, 중국 등 아시아 전체를 담당하며 기사를 송출하고 있다.

　사실 외신기자, 하면 거창해 보이지만 나는 거대한 국제사회의 작은 일부분을 전하는 사람일 뿐이다. 하지만 소통의 매개체로서 우뚝 서겠다는 내 오랜 목표에는 어느 정도 도달했다고 생각하기에 나름대로는 만족하고 있다. 애초에 사람들과의 소통의 주체가 되고 싶다는 강렬한 희망으로 언론인의 길을 택했다. 나의 존재가 누군가의 눈에 쉽게 뜨이지는 않지만 사회적인 파장과 잠재력이 있는 이슈들을 날카롭게 파고들어 독자와 시청자들에게 알리는 것만큼 멋진 일은 없다는 생각이 들었기 때문이다.

만약 한국 사회의 소용돌이 속에서 끊임없이 새로운 목표를 욕망하며 나를 둘러싼 '한국여자'라는 틀과 편견을 깨지 못했다면 세계를 누비는 외신기자가 될 수 없었을 거라 생각한다. 일명 386세대로 불리는 베이비붐을 거친 당사자로서 개인의 행복보다는 집단적 가치, 반미주의, 민주화운동, 애국주의가 중심이 된 시대를 살아왔으니 말이다.

외신을 다루는 일이었기에 한국인으로서 당하는 불평등도 많았고, 또 막연하게 외신기자의 이미지를 그저 정장을 차려입은 금발의 엘리트 남성 정도로 생각하는 한국 사회의 분위기 탓에 무시도 많이 받았다. 하지만 그런 굴욕의 순간들을 이겨낼 수 있었던 힘은 바로 어릴 적부터 꼭 '제대로 된' 기자가 되겠노라 다짐했던 수많은 시간이었다. 사회, 정치적인 압력에 굴하지 않고 그 어느 누구의 편도 들지 않으며 진정한 민주주의라는 개념 안에서 많은 이들에게 객관적인 소식을 전하겠다는 결심과 욕망이 가득했기에 가능했던 일이다.

요즘도 가끔 드는 생각이 있다.

"내가 10년만 늦게 태어났어도 이런 역정 속에 살아남으려고 발버둥치지는 않았을 텐데…."

그만큼 치열하게 살았고, 생긴 것과는 다르게 독하고 무섭다는 소리도 많이 들어왔다. 나는 스스로에게 관대하지 않았고, 쉽게 만족하지 않고 끊임없이 더 발전하는 나 자신을 욕망했다. 그러다 보니 주변인들에게도 알게 모르게 함께 같은 속도로 가자고 재촉하게 되는 경우도 많았다. 후배들이 뒤처지면 평소 돌려 말하지 않는 직설적인 면 때문에 때로는 상처를 받은 이들도 많았을 것이다. 하지만 내가 선택한 기자라는 직업군에서 성장하기 위해서는 무엇보다 냉철하고 객관적인 판단력이 필요했기에 이런 면모를 갖추게 되지 않았나 싶다.

일단 이 책에서 나는 지금껏 내 인생을 정체시키지 않고 이끌어 준 욕망에 대해 이야기하고 싶다. 욕망(慾望)은 부족함을 느껴 무엇을 가지고자, 누리고자 하는 마음이다.

이 책에서 말하고자 하는 욕망은 남을 해하면서까지 자신의 이익을 추구하고자 하는 탐욕의 의미가 아닌, 자신이 이루고자 하는 일에 대한 순수한 열정과 이를 이루기 위해 세우는 구체적인 행동 강령이다. 내 인생을 위해 가져야 하는 현명한 욕심, 나는 이것을 이 책을 통해 '아름다운 욕망'이라 명명한다.

누군가 그러더라. 욕망이라는 단어 자체가 주는 의미가 너무 직설적이고 때론 외설적이지 않으냐고. 하지만 욕망, '아름다운 욕망'은 내 인생을 대변하는 탁월한 개념이라 생각한다. 세계와 소통할 수 있는 주체가 되겠다는 강렬한 욕망이 없었다면 나는 지금의 외신기자가 될 수 없었을 것이라 확신한다.

상황과 현실에 맞게 욕망할 줄 아는 나였기에 때론 독하다는 평가도 받지만 불혹의 나이를 넘은 지금도 후회는 없다. 지금의 내 모습만을 보고 때론 조주희가 순탄한 삶을 살았을 것이라 생각한 사람도 꽤 많은데 이것만은 단언할 수 있다. 지금껏 내가 겪었던 삶의 순간들은 단 한 번도 쉬운 적이 없었고, 나는 매 순간 최선을 다해 살아왔다는 것을.

누구나 타고난 조건은 다르기에 삶의 질곡의 정도를 논한다는 것 자체가 어폐일 수 있고, 내가 늘 성장할 수 있었던 이유는 항상 지금보다 더 나은 삶, 더 발전한 나를 만들기 위한 욕심을 놓지 않았기 때문이다.

아름답게 욕망하기 위해 지녀야 하는 조건은 크게 보면 총 네 가지다. 일단 타인과 커뮤니케이션을 하며 세상 밖으로 뻗어나가고 싶다면 먼저 자신이 어떤 사람인지를 가늠해야 한다. 여기서 중요한 것은 '얼마나'이다. 과연 내가 얼마나 간절히 원하고 있는지, 그럴 욕망이 있는지를 인지하는 것에서 시작하는 것이다. 세상은 간절히 원하는 사람에게 우선 기회를 주기 때문이다.

그리고 둘째로는 인생을 성장시키고 싶다는 욕망을 품은 나 자신을 사랑하고, 또 지키고, 외부의 공격과 질타에 유연히 대처하는 법을 통해 스스로를 현명하게 무장할 줄 알아야 한다. 예를 들면 항상 촉을 세우고 험담이나 질투를 즐길 줄 아는 내공을 기르고 자신의 몸을 소중히 여기라는 것이다. 그 과정에서의 핵심은 유연함인데, 어떠한 일이 닥쳐도 대범하고 광대한 이해의 폭으로 대응하되 나만의 몇 가지 원칙과 기준을 세우라는 조언을 하고 싶다.

셋째로는 커뮤니케이션의 대상을 정했다면 진정한 파워커넥터가 되기 위한 소통의 방법을 익혀야 한다. 그리고 마지막으로 이 모든 것에 의미와 가치를 부여하기 위해서는 평생 함께할 수 있는 동료, 즉 시공간과 연령을 초월한 친구를 만들어가는 것이 필수다.

나는 나 자신을 위한 현명한 욕심, 아름다운 욕망을 지니기 위해서는 무엇보다 나 자신, 그리고 내가 속한 곳에서의 나를 바로 세우고 또 다잡을 수 있어야 한다고 생각한다. 이 책에서는 바로 그런 지점을 짚어 주었다.

일단 나 자신에 대한 사랑, 그리고 조직과 사회에서 나에게 요구하는 것이 무엇인지, 내가 과연 얼마나 능력을 발휘할 수 있는지, 앞으로 어떤 일을 하며 살아야 하는지를 정확히 깨닫고 이를 추진할 수 있어야 비로소 아름답게 욕망하며 사는 것이라 할 수 있는 것이다.

이 책을 쓰면서 한 가지 바람이 있다면 이 책을 읽는 독자들만큼은 내가 그동안 시행착오 속에서 배우고 쌓아온 노하우를 조금이라도 쉽게 얻을 수 있도록 하는 것이다. 어느 부분은 공감하고 또 어느 부분은 동의하지 않는 메시지도 있겠지만 '조주희는 이런 생각을 하고 살았구나' 정도로 가볍게 읽어 줄 수 있는 책이었으면 하고, 또 동시에 누군가에게 인생의 작은 동기부여라도 됐으면 하는 마음이다.

지난 50여 년 동안 여러 나라를 돌아다니며 성별, 국적, 연령 불문하고 다양한 사람을 만나왔다. 새로운 누구를 만나든 그를 관찰하고 분석하는 것 자체에 엄청난 매력을 느낀다. 그리고 내심 속으로 판단한다. '좋다, 나쁘다'의 기준이 아니라 '아, 이런 사람이구나'라는 판단을 한 후 지속적으로 만남을 이어가며 그 사람을 알아가는 과정을 매우 즐기는 편이다.

그래서 남들이 보기에는 나와 친구라고 하기에는 어색하고 어울리지 않는 다양한 연령 대와 직업 군에 종사하는 '친한 친구'들이 주위에 늘 겹겹이 있고, 이들의 존재는 나의 인생 스펙트럼을 넓혀주고 풍족하게 해 주는 보너스 연료다.

이처럼 나에게 허락된 행복 중 가장 소중하고 감사한 부분은 바로 내 곁을 지키는 지인들이다. 내게 친구란 나이의 성역을 뛰어넘어 대화가 가능하고 마음이 이끌려 서로의 영혼이 접선한 모든 연령층을 포함한다.

이 책의 작업을 위해 청춘을 불살랐던 일터였던 싱가포르로 촬영을 떠날 때 함께해 주었던 은영이, 어릴 적부터 이모 노릇을 하며 애틋해진 가장 친한 친구의 딸, 예순이 다 되어가시지만 운동을 좋아하는 취미가 맞아 함께 즐거운 시간을 보내는 지인들까지. 모두 좋은 '친구'다.

가족과도 다를 바 없는 그들로 인해 하루하루가 새롭고, 또 좋은 사람들끼리 서로 소개해 주는 것을 즐기는 내 성향으로 인해 그들이 나름 마음 맞는 그룹으로 응집해 네트워크를 형성해 가는 모습을 보는 재미 또한 쏠쏠하다.

나는 일단 사람에게 이끌리면 파고들고 싶은 집요한 성향을 지났다. 나의 이런 집요함에 딱 맞는 직업이 바로 기자였다. 그 어떠한 사회적 이슈를 취재한다 해도 그 원천에는 사람이 있고, 사람들로 인해 이슈가 쉴 새 없이 만들어지는 세상이다.

인간의 힘으로 어쩔 수 없는 천재지변이 일어난다 해도 결국 카메라는 피해자건 기상전문가건 사람을 향해 렌즈가 돌아가게 되어 있고, 그 뉴스를 전달받는 시청자들도 단순한 사실전달보다는 그 사건과 연관된 누구누구 아무개의 스토리를 듣고 싶어 하게 마련이니까 말이다.

1989년 통역 겸 특파원 보조로 고용되었던 그날부터 지금까지 30여 년 해온 내 일의 핵심은 바로 사람들을 만나 상대방의 생각과 느낌의 정보를 얻어내는 것이고, 그러기 위해 나는 최선을 다해 직업적인 커뮤니케이터, 즉 단순한 메신저가 아닌 파워커넥터가 되어야 했다.

성공적인 커뮤니케이션을 하기 위해서는 일방적으로 얻어내는 것이 아니라 그만큼 주는 것도 있어야 한다. 어느 누구에게나 내가 얻고자 하는 정보가 있다면 나 자신을 먼저 보여주고 열어놓아야 상대방도 응대하게 되어 있기 때문이다. 그래서 우리는 말, 글, 표정, 소리, 몸짓 등 다양한 방법으로 서로에게 의사를 전달하고 소통한다.

그런데 이 과정 속에서, 특히 현대 글로벌 사회의 소용돌이 속에 살아가는 지금 이 시대에 커뮤니케이션의 가장 큰 변수는 바로 문화가 아닐까 싶다. 커뮤니케이션의 방법은 다양한 문화 속에서 다르게 존재하는데, 글로벌화로 인해 우리는 국경과 민족을 뛰어넘어 점점 동질화되어 가는 시기에 살고 있다고 본다. 예를 들어 악수라는 행위 하나만 보아도 우리 사회에서 용인되고 시도되는 방법이 시대에 따라 달라지고 있지 않은가.

미국과 한국, 그리고 동서양의 에티켓과 가치관이 적절히 섞인 홍콩과 싱가포르에 살면서 나름대로 다양한 문화 속에서 용기로 버티고 눈치로 배운 내 삶의 노하우, 지금껏 나를 버티게 해준 일에 대한 열정과 욕심을 언젠가는 정리하고 싶다는 생각으로 이 책 〈아름답게 욕망하라〉를 구상해 왔다.

나는 "Why not"이라는 표현을 특히 좋아한다. 왜 안 된다고 생각하는가? 우리가 숨 쉬며 살아가고 있는 이상 뭐든 해볼 수 있다. 할 수 있다. 늦었다고 생각한 순간이 최고의 타이밍이라는 명언도 있지 않은가. 모처럼 다가온 기회 앞에서 하고 싶다 내지는 할 수 있다는 마음과 확신이 조금이라도 있다면 지금이라도 무엇이든 도전해 볼 수 있는 것이다.

자기 자신을 위해, 더 넓게는 사회를 위해 아름답게 욕망할 줄 아는 사람은 이미 인생의 승자다. 인생에 누군가가 억지로 꾸며 놓은 잣대를 들이대는 상대평가는 더 이상 없고, 나 자신에게 떳떳하면 그만인 절대평가만이 있을 뿐이다.

외신기자로서의 삶을 꾸리고 이끌어온 지 근 30여 년이 되어가지만 여전히 나는 새롭게 꿈꾸고 도전할 수 있다는 것을 믿는다. 자기 자신의 인생, 어떻게 이끌어가느냐에 따라 적어도 80퍼센트

정도는 다른 삶을 살 수 있다고 믿는다. 그리고 그 인생을 이끌어 갈 수 있는 힘이 바로 아름다운 욕망이다.

글 솜씨가 뛰어난 작가적 기질도 전무하고, 졸필이지만 정성껏 그리고 무엇보다도 가감 없이 솔직하게 한 자 한 자 책을 써왔다. 마지막으로 이 책이 나오기까지 무한한 도움을 준 분들에게 감사를 전하고 싶다. 무작정 사무실로 찾아온 도연, 끊임없이 원고를 독촉해 준 한별, 제일 먼저 초고를 읽고 신랄한 평가를 해준 미현, 내 커리어의 발판이 된 싱가포르에 돌아가 꼭 촬영을 해야겠다는 나의 황당한 고집과 욕심을 이루게 해준 준, 에드먼드, 제니퍼, 케이티, 마틴. 그리고 내 인생의 반절이 지난 이 시점에 새롭게 시작하고 과거를 정리하는 의미에서 시원하게 개인적인 부분도 공개하겠다는 결정을 탐탁지 않으나 존중해 준 세상에서 가장 소중한 나의 아들… 모두에게 큰 사랑을 보낸다.

앞으로도 계속 열심히, 그리고 여전히 아름답게 욕망하며 살 수 있다면, 나는 계속 꿈꿀 수 있을 것이기에.

Contents

프롤로그 | 지금보다 더 나은 인생을 꿈꾼다면 · 4

Part One 당신은 어떤 욕망을 꿈꾸는가
— 당신은 욕심이 있는 사람인가 · 21
— 인생을 가치롭게 만드는 아름다운 욕망 · 28
— 욕망을 이루기 위해 필요한 4가지 · 34

Part Two 적절한 자기애는 필수다
— 사회적인 나르시시스트가 되라 · 43
— 내 인생에는 무엇이 빠져 있는가 · 48
— 흔들리는 마음부터 잡으라 · 54
— 감정의 벽을 쌓는다는 것 · 60
— 항상 촉을 세우라 · 66
— 호기심은 생각지 못한 기회를 안겨준다 · 72
— 험담, 질투, 모함을 즐기자 · 77
— 모든 것은 나에 대한 관심의 표현이다 · 83
— 마음이 지치면 몸을 단련시켜라 · 91
— 나만을 위한 사치는 필수다 · 97

Part Three 유연함이 답이다
— 흥분, 몰입, 여유의 사이클을 조절하라 · 105
— 변수에 대처하는 방법 · 112
— 두려움은 집에 버리고 오라 · 118

― 어떤 경우에도 솔직함이 최선이다 · 122
― 준비에 지나침은 없다 · 126
― 맞서라, 기회를 놓치고 싶지 않다면 · 132
― 어떤 기회도 소중히 여겨라 · 140
― 여자의 적은 여자가 아니다 · 146
― 어느 정도의 미인계는 필요하다 · 154
― 폭탄주에도 선이 필요하다 · 161

Part Four 메신저를 뛰어넘는 파워커넥터가 되라

― 파워 있는 악수의 의미 · 169
― 두드리기 전에 먼저 열어라 · 175
― 몸짓으로 먼저 사로잡는 법 · 181
― 짐승의 눈을 가져라 · 188
― 입속에 말을 품지 말라 · 194

Part Five 인생을 함께 갈 수 있는 동료를 만들라

― 코드가 맞는 사람끼리 이익집단을 구성하라 · 203
― 영원한 내 편은 나 자신이 만들어야 한다 · 209
― 끝까지 함께한다고 생각하라 · 218
― '나'라는 작은 테두리를 넘어서라 · 225

에필로그 | 더불어 함께 꿈꿀 수 있다면 · 230
Joohee is··· · 233

Part One
당신은 어떤 욕망을 꿈꾸는가

Aspire with a bit of greed

당신은 욕심이 있는 사람인가

Greed is not a crime

어릴 때부터 어른들로부터 '주희는 욕심이 참 많다'라는 말씀을 꽤 많이 듣고 자랐다. 나는 그만큼 원하는 것이 많고 요구도 많은 'demanding' 한 아이였다.

공부는 일단 잘해야 했고, 샘도 많아 친구들이 피아노나 미술을 배우면 나도 꼭 배우겠다며 고집을 부리고 심지어 같은 반 친구가 예쁜 옷을 입으면 나는 반드시 더 멋지고 좋은 옷을 입어야 한다며 떼를 쓰는, 샘이 아주 많은 딸이었다. 좋아하는 책이 있으면 친구에게 빌려 읽기가 싫어 꼭 사고 말았는데 이렇게 욕심이 많은 나에게 어머니는 결코 관대하시지 않았다. 절대로 내 요구를 쉽게 들어주신 적이 없고, 매번 조건이 있었다. 성적이 올라야 피아노 레슨비를 내주셨고, 집안일을 돕거나 아르바이트를 해야 무언가를 살 수 있도록 용돈을 주셨다. 고등학교를 졸업할 때까지 심지어 조부모님과 부모님의 친구 분들께서 명절날 주신 용돈조차 십 원 하나 마음대로 쓰지 못하게 하셨다.

항상 원하는 것을 얻기 위해서는 어머니와 협상을 해야 했고, 원하는 것을 얻기 위해서는 일단 구체적인 목표를 정해야 했다. 예를 들어 중간고사에서 국사 과목을 90점 이상 받으면 마돈나의 최신 레코드를 살 수 있고, 일주일 동안 피아노를 하루에 두 시간씩 꼬박꼬박 연습해야 주말에 친구들을 집에 초대할 수 있다는 식으로 말이다.

남동생은 장남이라는 이유로 무엇이든 쉽게 해주시면서 내게는 한없이 인색한 그런 어머니가 가끔은 원망스러웠다. 하지만 지금 생각해 보면 원하는 것을 얻기 위해서는 충분한 노력과 대가를 치러야 한다는 것을 어머니는 어린 나에게 이미 철저하게 알려주신 셈이다.

십대 시절에는 미국으로 유학을 가고 싶었다. 초등학생 시절에 아버지의 직업 관계로 3년 정도 미국 생활을 하다 돌아오니 두 나라의 문화적·사회적 차이가 너무나도 크다는 것을 실감했다. 당시만 해도 한국 사회에서는 적당히 공부해 좋은 집에 시집가는 것이 여자들의 인생 최대 목표이자 또 운명이었기 때문이다.

부모님도 내가 한국에서 좋은 대학을 나와 좋은 집안에 시집가서 여자로서의 평범한 삶을 살았으면 하는 눈치셨다. 주변에서도 여자가 무슨 유학이냐는 등 냉담하고 시큰둥한 반응이었다. 나는 그런 한국 사회의 분위기에 숨이 막혔고, 왜 수동적으로 이런 분위기에 이끌려야 하는지도 답답했다. 도대체 내가 이런 상황을 군소리 없이 받아들이고 수긍하며 살아야 하는 것인지, 그 이유조차 알 수 없었기에 도대체 왜, 'why not?'이라고 반문하는 나날이 계속되는 사춘기 시절을 보냈다.

그저 무엇보다 내 생각과 행동을 존중받고 싶었다. 여자라고 무시당하지 않는 곳에서 당당하고 자유롭게 공부하고 싶은 마음만이 가득했고, 내 인생을 그저 흘러가는 대로 누군가에게 맡겨두고 싶지는 않았다. 좀 더 넓은 곳에서 꿈꾸고 공부할 수만 있다면, 그렇다면 정말 무언가 큰일을 해낼 수 있을 것만 같았다. 그때부터 나는 이미 미국행을 결정했고, '무작정 나는 간다'라는 일념으로 준비를 시작했다.

사실 학생 신분이라 내 수중에는 유학을 떠날 돈도, 부모님의 허락조차 없었기에 막막하기 그지없었다. 당시 유학을 위해 유일하게 할 수 있는 준비라곤 영어 원문으로 된 책을 꾸준히 읽으며 그 당시 유일한 영어 방송이었던 AFKN(주한미군방송)을 꼬박꼬박 시청하는 것뿐이었다.

고등학교를 졸업하고 이화여자대학교 정치외교학과에 입학한 후에는 부모님 몰래 토플시험을 보고 유학을 위해 필요한 점수를 얻었다. 그리고 그날, 부모님께 선포했다. 내 꿈은 정치이고 한국 최초의 여자 대통령이라고.

어안이 벙벙해진 부모님을 앞에 두고 나는 속사포처럼 말을 이어갔다. 일단 미국에서 정치외교학으로 제일 유명한 대학을 졸업하고, 대학원에서는 저널리즘을 전공하고 싶다고. 그 후에는 한국에 돌아와 기자나 앵커가 되어 유명해진 후에 국회의원에 도전하겠다고. 그리고 이후에는 꼭 여자 대통령이 되어 지금처럼 남녀차별 없는 대한민국을 만들겠다고.

80년대 당시 보수적인 한국 사회를 기준으로 보면 매우 허무맹랑하고 충격적인 발언이었다. 만으로 18세밖에 안 된 딸의 발언이 부모님께는 아마 황당하고, 당돌하고 또 우습기까지 했을 것이다. 그런데 다행히 아버지께서는 시대는 변화하고 너의 꿈이 이루어질 수 있는 그런 세상이 곧 올 것이니 희망을 가지라 격려해 주셨다. 결국 아버지의 이해와 도움으로 어머니의 반대에도 불구하고 가까스로 미국 유학을 준비해 떠날 수 있었다.

사실 그런 구체적인 꿈은 정치인이셨던 아버지와의 잦은 대화의 산물이기도 했다. 아버지는 밤늦은 시간에 들어오시면 항상 그날 있었던 일에 대해 이런저런 이야기를 해주셨다. 지금 생각해 보면 아버지도 사회생활로 인한 스트레스를 어린 딸과의 수다로 푸신 듯하다.

초등학교 때부터 신문 읽는 것을 유독 좋아했는데, 당시 심한 언론통제로 있는 그대로 쓰지 못했던 기사의 삭제된 행간 읽는 법

기자라는 직업은
내가 어릴 적부터 꿈꿔왔던
욕망의 한 단계다.

비가 오나 눈이 오나
취재수첩을 꼭 붙들고
리포팅을 할 수 있다는 것에
늘,
감사한다.

을 아버지께 배울 수 있었다.

　국회의원이셨던 아버지는 사회·정치가 전반적으로 돌아가는 뒷이야기를 해주시며 진실과 거짓을 알려주셨다. 그때부터 나도 모르는 사이 부정한 권력으로 움직이는 사회를 정의롭게 만들겠다는 욕망을 서서히 품게 되었고, 그래서 결국 기자의 꿈을 이룰 수 있지 않았을까 하는 생각이 든다.

　80년대 한국 사회는 민주화 운동이 한창이었고, 이화여대 입학 후 1년 내내 신촌 일대는 학생들의 시위로 최루탄 가스가 자욱했다. 권력층의 부정부패, 이익집단의 부정축재가 가득한 한국 사회가 군부 통치로부터 진정한 민주국가로 거듭나는 산고를 겪어야 했던 시절이었다.

　그러나 나는 학생운동과 시위에 참여하지 않았다. 당시 누군가의 눈에는 회색분자 내지는 신념이 없는 대학생으로 여겨졌을지도 모르겠다. 하지만 무엇보다 날아다니는 돌멩이, 화염병, 최루탄으로 고래 싸움에 새우등 터지듯 전경과 학생들 사이에서 억울하게 고통 받는 시민과 가게 주인들이 더 안타까웠다.

　좀 더 현실적으로 사회 속에서 용인되는 방법은 정말 없을까? 무고한 시민에게 피해를 주지 않고 현명하게 세상을 바꿀 수는 없는 것인지 그저 답답할 뿐이었다.

　진정 민주화를 원한다면 민주적으로 원하는 것을 얻어야 한다고 생각했다. 세상을 변하게 하려면 무엇보다 법을 바꾸어야 하고, 그러기 위해서는 정정당당하게 국회로 들어가 합법적으로 바꿔야 한다는 욕망으로 내 마음은 늘 뜨거웠다.

물론 이제는 정치에 대한 관심은 사라진 지 오래다. 왜냐하면 기자 경력 18년차인 지금도 기자라는 나의 직업을 너무나도 사랑하기 때문이다.

어린 나이에 내가 큰 결정을 내렸을 때 내게 공부할 기회를 주신 부모님께 먼저 감사드린다. 하지만 지금도 무엇보다 확신하는 것은 세상을 바꾸고 싶다는 그 뜨거웠던 마음이 지금껏 나를 키워왔고, 또 내 인생을 매번 한 단계씩 끌어올리는 촉진제 역할을 해왔다는 사실이다.

인생을 가치롭게 만드는 아름다운 욕망

Your aspirations

사회적으로 성공한 사람들을 만나보면 다들 비슷한 점이 있다. 일단 세월과 경험이 만들어준 높은 자신감, 그리고 성취의 만족감이 밑거름이 되어 배어 나오는 스스로에 대한 흡족함이 누구보다 높다.

이렇게 사회적으로 크게 성공했다는 사람들을 인터뷰하며 성공 비결을 물어보면 항상 '고난과 역경을 헤쳐가며… 어렵게 이 자리까지 왔고… 피나는 노력을 했다'는 표현을 자주 쓴다. 이들의 성공 스토리를 담은 자서전에도 늘 비슷한 이야기가 나온다. 항상 꿈은 크게 가져야 하며, 목표는 구체적일수록 좋고, 자신을 채찍질하며 한 걸음씩 나아가야만 성공할 수 있다는 것이다.

이는 굉장히 식상한 대답이기도 하고, 그들을 인터뷰하는 저널리스트로서, 합리적이고 비판적 사고를 해야 하는 직업 특성상, 그 노력의 원동력이 무엇이었나를 냉정하게 파고들 필요가 있었다. 그러다 보니 나는 좀 더 다른 결론에 도달할 수 있었다. 바로 성공한 이들에게는 무엇보다 값진 '욕망과 욕심'이 있었다는 것이다.

물론 간혹 "저는 운이 좋았습니다"라고 답변하는 분들도 있었다. 하지만 결국엔 자신이 '욕망도 있었고 욕심도 있었기'에 성공했음을 스스로 인정한다. 무언가를 이루고 싶다는 욕심이 강했고, 그것을 해내기 위해 욕망을 강하게 품었기에 지금의 성공을 이룰 수 있었다는 것이다.

욕망(欲望)은 부족함을 느껴 무엇을 가지고자, 누리고자 하는 마음이다. 이는 욕심과 비슷한 의미로 자주 쓰이는 탐욕과는 거리가 멀다. 내가 이 책에서 말하고 싶은 욕망은 남을 해하면서까지 자신의 이익을 추구하고자 하는 탐욕의 의미가 아닌, 자신이 이루고자 하는 모든 일에 대한 순수한 열정과 이를 이루기 위해 세우는 구체적인 행동 강령과도 같다. 나 자신과 세상의 발전까지도 도모할 수 있는 개인의 현명한 욕심. 그것이 바로 아름다운 욕망이라고 할 수 있다.

마음만 앞서는 열정보다 이를 이루려는 강렬한 마음인 욕망까지 지닐 수 있어야 비로소 사는 이유와 인생의 목표를 바로 세울 수 있는 것이다.

내 시각으로 세상 사람들을 크게 두 부류로 나누면 '탐욕을 앞세워 성공한 사람' 혹은 '아름다운 욕망만으로 성공한 사람'으로 구분된다.

충청도 시골에서 태어나 학교까지 두 시간을 걸어 다녔다는 H 회장님은 학력이 중학교 중퇴다. 그는 본래 키가 크고 몸이 튼튼해 싸움도 곧잘 했는데 동네 형들의 꼬임에 빠져 건달이 되었고 가출을 했다. 그의 표현을 빌리자면 형제도 많은 집안에 밥 달라는 입이 하나 줄어서인지 가족들은 그를 찾지도 않았으니 결국 효도한 거나 마찬가지였다고 한다.

그는 건달 생활 끝에 작은 종잣돈을 모아 사채를 시작했다. 그의 자칭 '의형제'들의 후원 속에 사업은 나날이 발전해 건설업도 해보고 지금은 어엿한 전자제품 제조회사의 주인이 되었다. 지금 그는 수억원대 외제 자동차를 굴리며 강남의 한 백화점 최고 VIP 리스트에 올라 있는 일명 '성공한 사람'이다.

그런데 나는 그의 모습에서 인생에 대한 특별한 가치나 인생에 대한 어떤 욕망을 찾아보기는 힘들었다. 그는 단지 과거에 대한 아픈 기억과 상처를 물질적으로 보상받고 싶어 하는 마음으로 가득 차 있었다. 또한 자신을 힘든 시절로 내몰았던 자기 자신과 부모에 대한 원망만이 가득했기에 옛 시절의 그만큼 힘들게 살아가는 사람들에 대한 이해와 연민도 없었다.

그에게는 다만 부를 넘어선 명예를 갖고자 하는 욕심과 자신에게 이득이 되는 사람들을 사귀고 싶다는 생각만 가득했다. 누군가에게 인정받고 싶다는 생각에 본인의 물질적인 부를 자주 과시했고, 가깝게 사귀고 싶은 사람들에게는 향락과 선물 공세로 마음을 사려고 했다. 나는 그분을 감히 '욕심만 앞세워 성공한' 사람으로 분류한다.

반면 '무엇을 이루고자 하는 순수한 욕망'만으로 성공한 사람은 참 운이 좋은 사람이다. 그리고 행복한 사람이다. 개인적 욕심 없이 행복과 평화를 위해 희생하고 살다 유명해진 평범한 선교사, 스님, 신부님, 복지단체 봉사자 같은 분들이다.

고(故) 이태석 신부님 같은 분은 온몸에 암세포가 퍼진 줄도 모르고 그 낯선 이국땅에서 늘 환한 미소로 환자들을 돌보셨다. 누군가를 위한 삶을 살겠다는 순수한 욕망으로 평생을 사신 분이다.

남을 위해 살기 위해 본인을 내던질 수 있다는 것만으로도 그들은 위대하다. 이런 분들은 나로 인해 조금이라도 '아름다운 세상을 만들기 위한' 욕망 하나로 살다 우연히 언론에 소개되고 주변의 인정을 받게 되면서 성공한 사람으로 평가되기도 한다.

개인적인 욕심이 있어서도 안 되고, 만에 하나 욕심을 갖게 되었다면 직업의 성격상 세상의 질타를 받게 되어 있으니 참으로 어려운 위치에 서 있는 분들이 아닌가.

때때로 신도와 후원자들의 헌금을 유용해 개인과 가족의 재산을 축적했다는 비판을 받는 목사님이나 복지단체장에 관한 뉴스를 접하게 될 때마다 '아, 결국 세속적인 욕심에 지고 말았구나…'라는 생각에 안타까운 마음이 먼저 든다.

외신기자라는 직업상 북한에 대한 관심이 높고, 그동안 탈북자들을 돕는 단체에 계신 분들을 꽤 많이 만나왔다. 그런데 그중 가장 기억에 남는 분은 S 목사님이다. 그는 미국에서 목회활동을 하시다 탈북자 문제에 관심을 갖게 되었다고 한다. 미국 국적의 대북 사업가로 위장해 중국과 신의주를 드나들며 탈북자들의 자유를 향한 여정에 큰 보탬이 되는 일들을 하고 계셨던 분이다.

워낙에 남몰래 그런 일들을 하는 분도 많고 기자들은 그분들의 이야기를 세상에 알려야 했기에 자주 뵙던 분이다. 그러나 그분은 한사코 본인의 실명과 정체를 밝히는 것을 거부했다. 대개 탈북자 지원단체 운동가들은 본인과 본인의 단체 후원에 보탬이 되었기에 인터뷰를 해주는 편이다. 이미 북한 당국도 그의 존재를 알고 있고, 중국에서도 입국이 불허되었기에 굳이 신분을 숨길 필요가 없었다.

그런데 S 목사님은 예외였다. 사정이 생겨 미국으로 떠나게 되었다는 그는 나에게 마지막으로 좋은 정보를 주시며 한사코 지금껏 본인이 해온 일을 언론에 알리고 싶지 않다고 했다.

"이제 나도 나이가 들어 중국과 북한을 몰래 오가는 프로젝트는 힘들지요. 하지만 한 가지 바람은 있어요. 초심 그대로 하나님의 자녀들을 위해 기도하고 그들의 안위를 위해 미국으로 돌아가 자금을 마련하려 합니다. 몸은 함께하지 못해도 물질적으로나마 돕고 싶습니다. 물론 유명해지면 그 길이 쉽겠지만, 제 초심에 흠이 갈까 봐 그러니 이해해 주세요."

내신과는 달리 인터뷰이의 이름을 꼭 실명으로 기재해야 했던 회사 규정상 계속 이래저래 설득을 거듭하던 나는 그 말씀에 입을 꼭 다물고 말았다. 진정 그분은 남을 돕겠다는 순수한 욕망이 있었고, 그 욕망에 충실해 선행을 베풀고 사는 분이었기 때문이다.

이때 깨달은 것이 바로 이름이 널리 알려진다고 '성공한' 사람은 아니며, 자기 자신에게 떳떳한 인생의 목표, 그리고 이를 이루겠다는 욕심, 즉 아름다운 욕망이 있는 사람은 그 자체만으로도 이미 인생 목표의 절반을 이룬것이라는 생각이 들었다. 스스로 가치롭게 여기는 일을 할 수 있는 삶이 바로 아름다운 욕망을 실천하며 사는 삶이다.

욕망을 이루기 위해 필요한 4가지

Nothing comes without a price

그러나 종교인들처럼 무조건적인 베풂의 미덕, 그런 순수한 욕망만으로 산다는 것은 일반인들에게는 쉽지 않다. 아니, 불가능할지도 모르겠다. 나 역시 S 목사님 같은 분들을 존경하지만 그렇게 살 자신은 없다. 왜냐하면 세상의 모든 것을 포기하기에는 아직 하고 싶은 일도 많고, 갖고 싶은 것도 많다.

미리 고백하건대 나는 세상의 많은 것을 매우 좋아한다. 예쁘고 화려하고 즐겁고 맛있는 것들을 매우 사랑한다. 외모도 매력적이고 싶고, 화려하고 멋진 장소에서 먹고 머무르는 것을 좋아한다. 간혹 사치스러운 스포츠라고 지탄 받는 골프도 열정적으로 즐긴다.

가족들에게는 좋은 차, 좋은 집을 사주고 싶고, 사랑하는 친구들에게도 멋진 선물을 하며 즐겁게 살고 싶다. 그만큼 나는 평범한 욕심으로 가득한 사람이지만 이런 욕심은 항상 나를 거듭 깨우고 응원했다.

원하는 것을 얻기 위해서는 일을 해서 돈을 벌어야 했고, 또 지치거나 좌절감을 느낄 때마다 나의 소박한 욕심은 나를 응원해 주었다. 행복하게 살고 싶다는 욕심은 곧 나를 발전케 하는 계기가 되어 주었고, 이는 점차 내 인생을 풍요롭고 가치 있게 만드는 아름다운 욕망으로 발전해 갔다.

Nothing comes without a price. 대가를 치르지 않고서는 아무것도 얻을 수 없다. 나에게 돈은 늘 목적이 아니라 수단이었다. 내가 잘하고 좋아하는 일에서 최고가 되기 위해 열심히 사는 것이 나의 목표였고, 그 과정에서 버는 돈은 내 욕망의 여정에 행복을 가져다주는 촉매제였다. 물론 버는 만큼 내 분수에 맞게 적절히 쓰는 것이 소비의 원칙이다.

요즘 젊은 친구들과 이야기하다 보면 그저 욕심만 많지, 그 욕심을 현실과 연결시키려는 노력은 부족한 듯한 인상을 많이 받는다. 그래서 중간에 포기하거나 좌절을 겪는 친구도 무척 많았다. 그래서 이런 소리도 참 쉽게 내뱉는 듯하다.

"그래, 인생 한 번 사는데 뭐가 그렇게 중요할까" "나는 역시 안

나에게 항상 기회의 문이 열려 있었던 것은 아니다.
늘 이루고자 간절히 원했고
또 이루기 위해 멈추지 않았다.

그것이 바로 지금 미소 지을 수 있는 이유.
그것만큼은 확실하다.

되는구나" 등. 욕망을 쉽게 이룰 수 없다는 판단이 들면 그만큼 포기도 빠르다.

누구나 노력이 좌절되어 힘든 시기는 겪게 마련! 하지만 이를 벗어나고자 발버둥치는 사람과 그렇지 않은 사람의 인생 결과는 판이하게 달라진다.

죽이 되든 밥이 되든 무엇인가를 이루려고 애쓰는 사람은 처음에 의도한 대로 되지 않더라도 반드시 무엇이든 얻게 돼 있다. 나의 어릴 적 꿈은 여자 대통령이었다. 지금 생각하면 그저 웃음이 나오기도 하지만 나는 사실 대통령이 되기 위한 기반으로 기자라는 직업을 생각했었다. 세월이 지난 지금은 외신기자로서의 삶을 꾸려가고 있고, 또 다른 다양한 삶을 조용히 꿈꾸고 계획하고 있다.

무언가를 이루려는 순수한 욕망, 그 자체는 세상을 살아가는 사람이라면 본능적으로 갖게 되는 것이고, 또 넓게 보면 문명을 발달시켜온 원동력이기도 하다.

욕심을 갖되, 그것이 누군가에게 피해를 주지 않는다면 어느 누가 그가 욕심이 많다고 비난할까. 욕망은 장기적으로 봤을 때 사회와 세상에 큰 기여가 되기도 한다. 의사가 되고 싶다는 한 개인의 욕망이 이루어지면 그를 통해 병을 치료하는 사람도 늘어날 것이니 말이다.

그렇다면 욕망을 이루기 위해서는 무엇이 가장 필요할까. 꿈을 이루고 싶다는 강한 마음이 있다면 이를 이루기 위한 조건은 간단하다.

우선 나에 대한 사랑과 확신부터 가질 수 있어야 한다. 그리고 어떤 위기의 순간에도 당황치 않고 상황을 타개하는 유연성, 그리고 소통이라는 인류 공동의 과제, 마지막으로 끝까지 나를 믿고 격려해 주는 동료를 만들어가는 것이다.

독불장군처럼 혼자서 돌진하는 것이 아닌, 나의 욕망의 여정을 순탄케 해주는 이 네 가지 조건을 갖출 수 있어야 비로소 참된 욕망으로의 여정을 시작할 수 있는 것이다.

나는 외신기자로서의 삶을 선택했고, 그 삶을 내가 원하는 방향으로 이끌고 꾸려가기 위해 다양한 삶의 방법을 익혔다. 그리고 터득한 방법은 비단 외신기자로서의 삶뿐만 아니라, 자신의 인생을 스스로 개척하고자 하는 모든 이에게도 통용될 수 있는 조언이 될 것이라 생각한다.

요즘 사람들은 '모든 것을 버릴 줄 알아야 한다'며 무소유의 미덕을 강조하는 경향이 있는 듯하다. 그러나 무엇인가를 간절히 원한다면 쉽게 포기하는 것보다 현명하게 가지는 것이 우리에게는 더욱 현실적인 잠언이 아닐까.

이제 단순히 마음속에 욕심과 욕망이 가득하면 불행의 씨앗이 된다거나 마음을 비우고 내려놓아야 행복하다는 충언은 과감히 잊자. "내가 원한다고 뭐가 되겠어" "그냥 포기하자" 등 소극적인 마음도 그만 지워버리자.

이제 욕망도, 욕심도 크게 갖고 많이 이루라. 모든 욕심을 버리고 선비처럼 청빈하게 살 수 있다면야 무얼 더 논하겠느냐마는 그렇지 못하다면 원하는 것을 이루기 위한 마음과 노력을 멈추어서는 안 된다. 이제 마음껏 욕망하자. 단, 현명하고 아름답게 욕망하자. 나를 위해 마음껏 욕망하는 것은 나 자신을 위해서도, 또 내가 속한 사회에도 득이 되는 일이다.

아름답게 욕망한다는 것. 모든 것을 버리고, 비우라는 어려운 조언보다는 나와 같은 시대를 사는 모든 사람에게 훨씬 더 현실적이며 행복한 조언이 될 것이라 확신한다.

Part Two

적절한 자기애는 필수다

Love and value yourself

사회적인 나르시시스트가 되라

Be the social narcissist

우리가 살아가는 현실의 모든 현상은 '인지'에서 시작된다. 영어로는 'perception' 'recognition' 또는 'human understanding'으로 해석되고 심리학에서는 'cognition'이라 한다. 즉, 무언가를 먼저 관찰하고 알아보고, 또 이해하는 것이다.

마찬가지로 나 자신의 발전을 위해, 간절히 바라는 것을 이루기 위해 무엇보다 먼저 해야 할 것은 바로 내가 누구인지를 정확히 인식하는 것이다.

'나'는 누구일까, 어떤 사람인가, 나의 가치는 얼마이고 어느 수준에 와 있는가를 항상 인지하는 것이 매우 중요하다. 무언가 간절히 이루고 싶은 것이 있다면 그 전에 내가 그것을 얻을 만큼의 자신감이 있는지부터 점검할 필요가 있다.

하루 두 번씩, 매일 아침 세수를 위해 첫 거울을 들여다볼 때 그리고 침대에 누워 잠들기 바로 직전에 생각해 보자. 기분이 좋은 날은 거울에 비친 나 자신이 너무나도 멋있어 보일 수도 있고, 힘든 일이 있던 날 밤은 나 스스로가 한심하고 값어치 없게 느껴질 수도 있을 것이다.

그러나 중요한 것은 살아가는 수많은 날을 그저 흘려보내는 것이 아니라 인생의 바로 그 시점, 그 순간의 '나'는 어디에 있는지를 인식해 내 기억의 방 속에 선명한 점을 찍어 놓는 것이다.

그런데 각자 자기 자신을 인식함에 있어 옳고 그름, 또는 정답이란 없다. 예전부터 '생각대로'라는 표현이 꾸준히 유행하고 있는데, 즉 달리 말하자면 아침저녁으로 나를 들여다보고 나 스스로를 인지하는 것도 '생각하기 나름'인 것이다.

허리 23인치의 아름다운 몸매를 갖고 있고 객관적으로 어느 누가 보아도 아름다운 여배우지만 정작 본인은 여전히 자신이 화면에 뚱뚱하게 나온다고 생각할 수도 있다. 그리고 또 누군가는 걱정스러울 정도로 몸이 부어 있어 살을 좀 빼야겠다고 주변 사람들이 지적해도 워낙 낙천적인 성격이라 '그래도 내 다리만큼은 항상 늘씬하다'고 생각하며 행복을 느낄 수 있다.

나는 그래서 자기 전 세안 후 거울을 볼 때 절대로 전신 거울을 보지 않으며, 약간 왼쪽으로 고개를 돌려 반신 거울만 본다. 사실

키가 작은 것이 가장 콤플렉스인데 전신 거울에 비친 모습을 보면 괜히 속상할 테고, 오른쪽보다는 왼쪽 얼굴이 더 예쁘다고 생각하니까 말이다. 이는 잠자리에 들기 전 나에게 거는 일종의 달콤한 최면이다.

그러나 아침에는 꼭 반대로 한다. 작은 키는 옷 스타일링으로 보충해 전신 거울로 확인하고, 반신 거울에 비친 내 얼굴의 오른쪽 눈썹을 더 정성 들여 그린다. 외출 전에 나 스스로에게 '나는 아름답고 예쁘다'는 자신감을 갖게 해주고 싶어서다.

고로 모든 순간의 나를 인지하는 것은 당시 내가 느끼고 싶은 대로, 내 '생각대로' 이뤄지게 마련인 셈이다. 다만, 그 생각이 최대한 긍정적일 수 있도록 반복적인 노력이 따라야 한다.

나는 나 자신을 '사회적 나르시시스트'라 생각한다. '나르시시스트'는 그리스 신화에 나오는 미소년 나르키소스가 한 샘에서 물을 마시려다 물에 비친 제 모습에 반해 매일 그곳을 찾았고 결국 그 자리를 뜨지 못해 빠져 죽었다는 전설이 어원이 된 단어다. 정신분석학에서는 지나치게 자기중심적인 도착증환자를 나르시시스트적 성격장애를 지녔다고 표현할 만큼 부정적인 의미로 흔히 쓰인다.

물론 타인을 전혀 고려하지 않고 주변 인지의 범위가 나 자신만을 포함하는 자기애는 심각한 '반사회적' 나르시시즘이고 분명 문제가 있다. 그러나 드라마 '꽃보다 남자'의 네 주인공 F4 같은 귀여운 왕자병 정도의 '적절한' 자기애는 매사에 긍정적이고 자신감을 갖게 하는 큰 활력소가 된다. 그 '적절함'을 적당한 선에서 유지하고 타인에게 피해가 가지 않도록 조절할 수 있기 때문에 스스로를 '사회적' 나르시시스트라고 자부하며 살고 있다.

간혹 자기애가 과하게 강한 사람들은 자칫 스스로를 아이콘화하는 경우가 많다. 즉 누구에게도 검증되지 않은 '아이콘'이 되어 그것을 '자신감'이라고 우기는 것이다. 특히 요즘처럼 성형이 보편화, 대중화되어 얼굴을 한두 군데씩 고치다 보면 객관적으로 보아도 충분히 예쁘고 매력적인데도 불구하고 어딘가를 지속적으로 조금씩 고치는 소위 '프티 성형(petit surgery)' 중독, 즉 일종의 성형중독이 되어버린 여성들이 눈에 띈다.

그리고 실내에서도 선글라스를 낀 채 척 봐도 천만원을 호가하는 명품백을 들고 백화점 안을 모델워킹으로 뱅글뱅글 도는 여성들을 보면 과연 그들이 자기 자신을 어떻게 인지하고 있을지가 나는 가끔 궁금하다.

물론 직접적으로 타인에게 피해를 주는 자기애가 아니더라도 귀한 시간에 보다 더 생산적인 일을 할 수도 있을 텐데, 개인 치장과 쇼핑에 돈을 쏟아 붓는 행위가 그에게 돈을 벌어다주는 그 어느 누군가에게는 분명히 피해가 아닌가 하는 생각도 든다.

그러나 학생이든 직장인이든 간에 본분에 충실해 사회적으로 생산적인 무엇인가를 하면서 스스로 예쁘다, 멋지다, 나는 '쿨'하다라고 자부하며 살아가는 이들에게는 나는 그의 '자뻑' 증세를 존중하고 오히려 박수를 보내고 싶다. 설령 객관적으로 보아 그가 그다지 멋진 사람이 아니라 할지언정 말이다.

그러니 이제 매일 아침 일어나 거울을 바라보며 '오늘 정말 예쁜걸' 혹은 '너, 오늘따라 멋져'라는 멘트에 한번 익숙해져 보자. 이런 생각이 머릿속을 스칠 때 하루를 행복호르몬과 함께 시작할 수 있다.

눈을 감기 전에 '오늘 정말 잘했어' 같은 스스로에 대한 칭찬으로 하루를 마감하는 긍정적 사고 역시 나의 가치를 한 눈금씩 올리는 일종의 의식이 될 수 있다는 것이다.

내 인생에는 무엇이 빠져 있는가

What's missing in life?

인생설계에서도 나 자신을 긍정적으로 인식하는 것과 마찬가지의 과정이 필요하다. 일단 나의 꿈이 무엇인가를 인지하고, 그 꿈을 이루기 위해 현재 가진 자산은 과연 무엇인가를 확실히 판단하는 것이 첫 번째 관문이다.

만약 나처럼 외신기자가 목표라면 내가 왜 기자가 되고 싶은지, 혹여 부모님의 반강요적 영향을 받은 것은 아닌지, 사회적으로 유행하거나 일명 '뜨는' 직업이기 때문인지, 진정 내가 언론인의 사명감을 가슴 깊이 지니고 있는지, 적성에 맞는지, 그리고 현 시점에서 나의 대학 전공과목과 경험들을 바탕으로 언론사 입사가 어느 정도 실현 가능성이 있는지부터 판단해야 한다.

주변에 언론사 시험 준비를 하는 친구가 많았는데 생각보다 막연하게 준비하는 사람도 참 많았다. 기자라는 직업이 가진 특성상 가벼운 마음으로 입사를 준비했다가는 큰 낭패를 보기 쉽거니와 막상 일을 시작하고 나서도 자신의 정체성에 혼란을 겪는 사람이 많다.

모든 직업이 그렇듯 어떤 직군을 선택하기 전에 자신이 정말 원하고 바라는 일인지, 그리고 그 일을 하고 있는 자신의 모습을 구체적으로 그릴 수 있는지를 판단하고 덤벼야 한다.

원하는 언론사에 취직하기 위해 밤낮으로 공부하고 시사성을 기르기 위해 노력하는 자신을 기특하게 여기고 사랑하는 것은 그다음 이야기다.

몇 년 전에 알고 지내던 후배와 식사를 하는데 당시 그녀는 국내 유명 대학을 졸업하고 사회생활을 한 지 1년 정도 된 상태였다. 평소 약간 내성적이라 주변에 친구가 많지 않았던 그녀였기에 직장생활 또한 만만치 않을 거라 생각했다.

그런데 역시 내 짐작이 맞았는지 곧 한숨을 쉬며 회사를 그만두고 싶다는 이야기를 꺼냈다. 왜, 무엇이 너의 직장생활을 힘들게 하느냐는 질문에 "그냥 힘들어요. 재미도 없고 능력도 모자란 것 같고, 회식자리에서 노래시키는 것도 싫고요"라는 대답이 돌아왔다. 그 똑똑한 후배가 느닷없이 고작 이런 이유로 어렵게 들어간

직장을 관두겠다는 말에 어이가 없었지만 대충 왜 그러는지 알 것 도 같았다.

그녀는 평소 옷도 어두운 계열을 주로 입고, 길게 늘어뜨린 앞 머리가 얼굴 절반을 덮을 정도로 인상이 어두웠다. 내성적인 성격 에 목소리도 가늘고 여렸던 그녀는 스타일마저 평범해 그만큼 회 사에서의 존재감이 많이 부족해 보였을 것이다.

나는 이참에 작정을 하고 그녀에게 조언을 해주었다. 무엇보다 중요한 것은 너 자신이라고. 무엇보다 너를 사랑할 수 있어야 한 다고. 그것이 모든 일의 첫 시작이 될 수 있어야 한다고 말이다.

나의 조언에 어색해진 표정의 그녀가 기어 들어가는 목소리로 대답했다.

"언니가 평소에 그런 말씀을 많이 하니까, 저도 늘 노력해 봤어 요. 늘 내가 예쁘다, 예쁘다 최면을 걸어보라고 전에도 그런 말씀 을 하셨으니까……. 그런데 잘 안 되네요."

나는 그녀의 눈을 똑바로 바라보며 나직하지만 또박또박 말해 주었다.

"일단, 내 시선을 피하지 말고 똑바로 봐. 오늘 집에 가면 네가 가장 먼저 해야 할 일이 있어. 그 치렁치렁한 앞머리부터 뒤로 넘 기고 거울 앞에 서. 그리고 턱을 고고하게 들고 네가 할 수 있는 가 장 좋은 표정, 가장 아름다운 미소를 띠고 너 자신을 유심히 바라 보는 거야. 네 눈에 뭐가 보이는지 잘 살펴 봐. 지금 내가 보는 너 는 충분히 노력하고 있어. 예전에 내가 지나가는 말로 자기 자신을 미친 듯이 사랑할 줄 알아야 한다고 이야기했지? 그리고 너도 그러겠다고 했잖아. 지금 그 싫은 상황을 극복하고 싶다면, 더 나아지고자 하는 열망과 욕심이 있다면 그것만으로 충분해. 너에겐 희망이 있는 거야. 노래? 그게 뭐가 대수야. 한번 부르면 되지 뭐. 중요한 건 네가 왜 많은 직장 동료 앞에서 노래 한번 멋지게 못 부르는지를 스스로 잘 알고 있다는 거야. 내게 상담을 하고 있는 것만으로도 충분하잖아. 이건 좋은 징조야. 너 자신을 개선하고 싶어서, 그리고 그러기 위해 노력하고 있잖아. 문제점을 인식했으니 이제 발전하는 일만 남았어. 바로 이 시점의 너를 사랑할 줄 알면 게임 끝이야. 이제 노력해. 동료들한테 말 걸고, 노래 못하면 연습하거나 배우면 되지. 이런 노력을 하는 너 자신을 먼저 기특히 여길 줄 알면 돼."

흔히 얼굴은 마음의 거울이라고 한다. 코가 뾰족하고 눈이 동그랗고 피부가 하얀 여자도 배배 꼬인 심성을 가진 사람은 결국 얼굴에 그 비뚤어진 잔상이 남는다. 기자라는 직업의 오랜 훈련에서 비롯된 것인지, 나이가 들어 인생을 조금 다양하게 경험한 탓인지는 몰라도 점점 그 잔상을 읽는 데 익숙해진 것 같다.

아무리 볼품없는 사람도 눈빛과 말투를 관찰해 보면 한없이 아름다운 마음이 보이는 사람이 있고, 때로는 퉁명스러운 말투로 상대방을 무안하게 만드는 듯싶어도, 잠시 대화를 나누며 그 내용을 들여다보면 실상은 멋진 철학을 지닌 분들도 있다. 이렇듯 사람은 본인 노력 여하에 따라 스스로의 가치를 높일 수도 있고, 조금만 방심하면 나의 진가보다 가치를 떨어뜨릴 수도 있다.

  욕심을 가지고 나를 발전시키고자 하는 노력 없이는 남도 절대로 나를 알아주지 않을 것이다. 물론 내공이 있는 사람이라면 입을 꾹 다물고 있어도 그 진가를 알아주는 사람들이 있겠지만 스스로 나 자신을 아름답게 포장하는 능력이 없다면 성공하기 힘들다. 본인 스스로가 자신을 포장하고 팔 수 있는 마케터가 되어야 한다는 의미다.

  물론 흑백논리에 모순이 있듯 대부분의 사람도 마음의 이중성을 갖고 있게 마련이다. 나 또한 그렇다. 늘 한결같은 마음가짐으로 살고자 하지만 때와 상황에 따라 변하는 나 자신을 발견한다.

  잊지 말아야 할 점은, 어느 부분에서는 예쁘지만 또 다른 면에서는 음울한 생각을 지닌 사람의 얼굴은 시시각각으로 그 잔상이 변하게 되어 있다는 것이다. 성직자 수준에 도달하지 않은 이상 나를 포함한 모든 사람도 마찬가지일 것이다.

  고백하자면 나는 청소년기 교회활동을 하며 '인류에 대한 사랑'을 달라고 기도하기도 했다. 그때 전도사님께서 말씀하시기를 하나님은 어느 누구에게나 한 가지 재능 혹은 은혜를 주시는데 각자 그것이 무엇인지 찾을 수 있도록 기도해야 한다는 것이다.

  본래 욕심이 많았던 나는 다짜고짜 기독교에서 말하는 가장 큰 은혜의 '인류애적인 사랑'을 달라고 기도하기도 했다. 그러나 여전히 나이 마흔이 넘도록 잘 안 되는 것이 '한결같이' 예쁜 마음으로 모두를 사랑하는 일이다.

'호(好)' '불호(不好)'가 지나치게 분명한 성격 탓에 일단 상대방이 좋으면 무조건 나이 불문 친구로 섬기며 의리를 지키지만 나에게 마음의 상처를 주거나 실망을 안긴 사람에 대해서는 아무리 노력해도 '무관심' 수준까지는 도달할 수 있으나 '용서' 수준까지는 가지 못한다.

그렇기에 나는 적어도 어느 누군가에게 상처나 피해는 주지 않고자 노력한다. 나 자신이 완벽할 수 없음은 이미 인정했고, 나 스스로 단점을 개선하기 위해 노력하는 중이라면, 그 정도는 나 자신에게 관대해질 수 있고, 그만큼 나 자신을 사랑할 수 있기에 죄책감을 가질 필요는 없다.

흔들리는 마음부터 잡으라

Keep your pose

2000년 8월 15일 역사적인 제1차 남북 이산가족상봉이 이루어졌다. 당시 미국 The Washington Post 서울 특파원과 ABC News 서울 특파원을 겸하고 있었는데, 오랜 냉전 끝에 한반도의 평화와 화합이 박진감 있게 이루어지던 시기였는지라 외신에서도 매우 관심이 높았다.

워낙 많은 내외신 언론사가 취재경쟁을 벌이다 보니 실제 이산가족들이 처음으로 대면하는 서울 코엑스 만찬장에 들어갈 수 있는 외신기자단은 풀로 구성하기로 했다. 운 좋게 우리 서울지국 이동빈 카메라 기자님과 함께 가족들 사이로 들어가 마음껏 돌아다니며 취재할 수 있는 기회를 얻었다.

　북에서 오는 백 명 손님의 각 남측 가족들은 배정된 백 개의 동그란 흰 테이블에서 숨을 죽여 애타게 기다리고 있었다. 긴장감이 가득한 만찬장에서는 오로지 생방송으로 현 상황을 알리는 내신 지상파 방송의 아나운서들의 목소리만 간간이 들리는 순간이었다. 모든 눈은 올라오는 에스컬레이터를 비추고 있는 대형 화면에 쏠려 있었다.

　이 순간 기자들은 더욱 긴장하게 마련이다. 왜냐하면 상봉하는 바로 그 순간이 동시에 백 개의 테이블에서 벌어지는데 카메라에 각각의 테이블을 모두 담을 수 없기 때문인데 미리 점찍어 놓은 가족들이 있는 곳 주변에서 대기해야 한다.

　보통 이런 상황의 취재는 구성된 대본이나 미리 예상해 놓은 시나리오가 없고, 단지 그 상황만 있을 뿐이다. 만약 그 순간을 놓치면 풀 대표로 들어가 있는 나로서는 엄청난 실책을 하게 되는 셈이었다. 그래서 특히 더 책임감을 느끼지 않을 수 없었다.

　북측 손님들이 도착하기 십 분 전 다짐하고 또 다짐했다. 아마도 이미 백발이 성성하신 이산가족 분들의 모습과 현장의 술렁이는 분위기를 보아서는 한국사람 특유의 절절한 감정표출이 쏟아져 나올 것이고, 이를 보고 흔들리거나 감정이 북받치면 안 된다고, 균형을 잡아야 한다고 생각했다.

　에스컬레이터를 타고 올라오는 북측 손님들이 한 사람 한 사람

남북이산가족 상봉의 현장은
뜨거운 눈물로 정신을 차릴 수 없을 정도였다.
나는 극도의 자제감으로 무사히 취재를 마칠 수 있었다.

씩 화면에 잡히면서 만찬장 여기저기서 "맞나?" "맞다" "오빠야!" "저기 온다!"라는 소리가 왕왕 퍼지며 모두들 웅성대기 시작했다. 가슴에 번호표를 붙이고 올라온 북측 이산가족들은 가족들의 테이블을 찾기 시작했고, 그 적막이 흐르던 만찬장은 순식간에 탄식과 탄성으로 마치 눈물의 쓰나미가 밀려오듯 울음바다가 되어버렸다.

지금 이 글을 쓰면서도 그 순간을 떠올리면 목이 메고 눈시울이 뜨거워진다. 현장의 모두에게 50여 년 이별의 세월 동안 맺힌 그리움과 반가움이 교차하는 순간이었기에 그 감동은 말로 형언하기 힘들었다.

하지만 그 만남을 뉴스로 전해야 하는 기자로서 내 안의 안테나를 있는 대로 세워 눈앞에서 벌어지는 상황을 재빨리 파악하고 분석해 결정을 내려야만 했다.

백 개 테이블 모두가 기막힌 사연이 있고, 구구절절 애타던 세월들이 가득할 것이다. 그러나 그 순간 누구보다도 냉정해야 했고, 그리고 누구보다도 이성적으로 현장을 파악해 어떤 테이블에서 가장 뜨거운 만남이 이루어지고 있는지를 알아야 했다.

또 누구를 인터뷰해야 현장을 가장 생생하게 전달할 수 있는지를 정확히 파악하기 위해 이동빈 기자님과 함께 그 감정의 쓰나미 속을 돌아다니며 쉴 새 없이 촬영을 했다. 감정의 소용돌이에 매몰되지 않기 위해 필사적으로 노력했음은 물론이다.

헤어졌던 부모, 부부, 형제, 자매들은 한동안 부둥켜안고 바닥에 주저앉아 하염없이 울기만 했다. 이 순간 제일 웃기는(?) 상황은 마이크를 들이대고 '지금 심정이 어떠세요?'라고 묻는 내신 리포터들이 있었다는 것이다.

꺼이꺼이 세월과 가슴속 설움이 북받쳐 눈물이 쏟아지고, 이게 생시인가 꿈인가를 확인하려 서로를 껴안고 두드리고 얼굴을 비비는 상황에 일부 한국 리포터가 자꾸 말을 시키니 그 경황없는 와중에 무슨 대답을 하랴. 사람은 감정이 극도로 고조되면 본인의 생각을 언어로 표현하는 능력이 떨어질 수밖에 없는데 말이다.

서러워 울다가 웃다가 다시 또 통곡하는 가족들의 모습을 생방송으로 전하던 일부 리포터가 오히려 본인들이 더 울음을 터트리고 말을 못 잇는 상황이 계속됐다.

나는 기본적으로 기자의 본분은 취재하는 현장의 일부분이 되기 전에, 이를 객관적으로 보는 제3자의 눈이 될 수 있어야 한다고 생각한다. 나도 사실 그 상황에서 가슴이 먹먹해 주저앉아 함께 껴안고 울고 싶은 마음이 가득했다.

그날 극도의 자제력으로 무사히 현장 촬영을 마칠 수 있었고, 모두가 흔들리는 상황에서 나만은 절대 흔들리지 않아야 한다는 생각으로 버텼다.

객관적인 취재를 격앙된 감정 상태에서 진행하거나, 또 정보를 정확히 전달해야 하는 멘트에 나의 개인적인 입장이나 감정이 덧

입혀진다는 것 자체가 용납되지 않았다. 이것은 바로 현장 취재를 간 기자들이 늘 명심해야 할 '룰 넘버 원'이었다. 내 직업에 대한 확신과 자부심을 지키고 싶다면, 우선 흔들리는 마음부터 잡아야 한다는 것을 절감했던 날이었다.

감정의 벽을 쌓는다는 것

Separate personal feelings

무려 13만 명이 사망한 2008년 5월 미얀마의 사이클론 피해를 보도하러 갔을 때다. 그 참담함은 태어나 처음이었다. 통통배를 빌려 물에 잠긴 마을들을 돌아다녔는데, 불어터져 노랗게 변한 시체들이 둥둥 떠다니고, 물가의 쓰러진 나뭇가지에는 목이나 다리가 잘린 어린이의 시체들이 매달려 있었다. 썩어가는 동물 사체들의 악취에 코를 막기를 여러 번. 우리는 굳은 얼굴로 카메라 셔터를 누르고 또 눌렀다.

미얀마는 국제 언론들의 취재 자체를 허용하지 않았지만 서울지국의 나와 이동빈 카메라 기자, 채승훈 카메라 기자는 저널리스트

문득 내 작은 캠코더로
현장의 모든 모습을 담을 수는 없지만
나라는 사람이 구경꾼으로 남지 않고
세상으로 통하는
매개체가 된다는 사실에
안도할 때가 많다.

미얀마 사이클론 사태 취재 현장.
기자 신분을 감추어야 했던 탓에 신경을 썼던 탓인지
결국 배앓이를 하고 말았다.
싸한 배를 움켜쥐고 쭈그려 앉아
위성전화로 조용히 리포팅을 하던 기억이 생생하다.

약한 체력 탓에 매번 고생을 많이 했지만
혹 스태프들에게 누가 될까 앓는 소리 한번 내지 않았다.

훗날 동료들에게 한마디 들었다.
조주희는 생긴 것과 다르게 '독한' 사람이라고.

비자가 아닌 관광 비자를 운 좋게 받아 잠입한 상태였다. 우리는 미얀마 군인들의 감시를 피해 돌아다니며 취재를 해야 했고, 그래서 방송 송출도 눈에 띄지 않게 몰래 빌딩 높은 곳이나 아무도 없는 들판에서 새벽에 해야만 했다.

여관 주인들은 외국인을 손님으로 받으면 각 마을 담당 경찰서에 신고하게 되어 있어 방 내주기를 꺼렸고, 혹여 사정해서 하루만 묵는 조건으로 동의했다가도 혹 잡힐까 염려되어 곧 쫓겨나기 일쑤였다.

물론 빈곤국이라 음식거리는 거의 없었고, 가져간 생수, 컵라면, 초콜릿 찰떡파이를 하루에 하나씩만 먹고 버텨야 하는 상황이었다. 이러한 위기가 몰려올수록 육체적으로도 정신적으로도 흔들리지 않아야 무너지지 않기에 우리 동료들은 어느 때보다 열정적으로 일할 수 있었다.

당시 동행했던 두 분의 카메라 기자는 해병대 출신에 아이스하키를 취미로 할 정도로 신체가 단단하신 분들이었지만 본래 허약 체질이었던 나는 그들에게 짐이 안 되려고 아마 '악으로 깡으로' 버틴 것 같다. 미얀마에서 돌아오자마자 쓰러져 입원했을 정도였으니까.

난민촌에 꾸역꾸역 밀어 넣어져 이불 한 장 없이 멍하게 앉아 있는 가족들, 그리고 의료용품이 없어 부상치료도 못한 채 고통받고 있는 어린이들을 볼 때는 정말 속에서 뜨거운 무엇인가가 울컥울컥 넘어왔다. 하지만 항상 '울면 안 돼, 여기서 눈물을 보여선

: 63

안 돼'를 수없이 외칠 수밖에 없었다.

　기자는 제3자 입장에서 그 현장 속으로 들어가 일어나는 사실들만을 취합해 이야기로 묶어 전달하는 직업이다. 아무리 참담해도, 슬퍼도, 혹은 기뻐도, 너무 그 현상에 동화되다 보면 중심을 잃게 된다.

　그 사건들이 왜 일어났는지, 구체적으로 어떤 일들이 벌어졌는지, 전문가들은 앞으로 어떤 상황이 벌어질 것이라고 보는지 등등을 큰 맥락에서 보고 듣고 느끼고 공정하게 전달하려면 흔들리는 모습 자체를 취재원에게도, 동료들에게도 보이면 안 되는 것이다.

　이런 경험을 지속적으로 하다 보면 본인 스스로를 컨트롤할 수 있는 능력이 생긴다. 나의 경우는 감정의 벽을 두껍게 세워 놓는 방법으로 현장의 감동이나 슬픔을 배제한다. 예를 들어 시체를 보면 저 시체들에게 얽힌 가슴 아픈 사연보다도 시체들이 며칠 되었을까, 지금 내 눈에 보이는 시체는 몇 구일까, 저 시체가 썩으면 이 일대는 어떻게 될까 등등 사실(fact)만을 인식하고 수집하기 위해 노력한다.

　2002년 월드컵에서 한국 축구팀이 승리했을 때도 카메라 앞에 서기 전에 일단 눈을 감고 감정을 가다듬었다. 나는 한국인이고 한국팀이 이겨서 폴짝폴짝 뛰어다니고 싶을 만큼 기뻤지만, 미국 시청자들에게 객관적인 소식을 전해야 하는 입장이었기에 차분하게 뉴스를 전달했다. 걸러지지 않은 감정표현은 현장에 있는 취재원들에게는 용납되는 일이지만 그 소식을 전하는 기자에게는 사치일 뿐이기 때문이다.

이처럼 마음이 흔들릴 만한 상황에서도 중심을 잡는 훈련은 기자뿐 아니라 어느 직업군에서나 필요하다. 사적인 자리에서는 본인 성격에 따라 화를 내든 흥분을 하든 그건 개인 자유지만 일단 조직생활의 테두리 안에서만큼은 본인의 위치와 역할에 맞추어 중심을 잡을 줄 알아야 한다.

확신과 신념으로 나를 뿌리 깊고 곧게 세워 놓으면 어떤 위기상황이 닥쳐도 대처할 수 있는 감정적 여유가 생긴다. 순간 판단력 또한 강해짐은 물론이다.

항상 촉을 세우라

Keep your antenna up high

조직생활을 하다 보면 다양한 유형의 동료를 만나게 된다. 그런데 나는 우직하게 맡은 일을 조용히 해나가는 사람보다는 일을 열정적으로 하면서도 가끔 조리 있게 쉽고 효과적인 길을 택하며 조직에서는 필요한 사람으로 인정받는 센스 있는 사람을 더 닮고 싶다.

외국회사 문화에서도 이러한 사회생활 요령은 많은 득이 된다. 특히 내가 속해 있는 미국 지상파 방송의 뉴스조직 같은 곳에서는 이런 센스가 더더욱 필요하다.

ABC News의 경우 직원들은 크게 'on camera' 인력과

'off camera' 인력으로 나뉜다. 즉, 카메라 앞에 설 수 있는 on camera 인력은 앵커와 일부 기자 혹은 프로듀서들이고, off camera 인력은 임원, 프로듀서, 그리고 기술진이 포함된다. 뉴스의 특성상 사전 조사, 협조요청, 촬영, 편집, 내레이션, 그리고 방송까지 모두 함께 유기적인 한 팀으로 움직여야 한다.

이 과정에서 각자의 취향과 성격에 따라 부딪칠 일도 많고 누군가 실수라도 하면 모두에게 책임이 있기에 긴장의 연속 속에 상대방이 잘하고 있는지를 서로 크로스 체킹하는 시스템이 구축되어 있다.

이 와중에 on camera 인력들은 팀원들에게 대부분 전폭적인 지지를 받기도 하지만, 방송 사고가 나는 등의 실수가 생기면 시청자들에게 질책을 받는 것은 결국 그 뉴스를 전달한 사람이기에 on camera 인력들은 평소 매우 예민할 수밖에 없다.

그렇기 때문에 카메라 앞에서 한국을 비롯한 아시아 국가의 주요 뉴스를 보도해야 하는 역할을 맡은 나는 언제나 서울지국 팀원들과 본사의 프로듀서들이 각자 주어진 일을 잘하고 있는지 확인하고 또 확인해야 하는 책임이 있다.

또한 기자로서 주변에서 일어나는 모든 정치, 문화, 사회적 이슈들에 대한 정보를 부지런히 흡수해야 하고, 뉴스로서의 가치가 있는지도 판단해야 한다. 주변 전문가들에게 늘 조언을 구하고 그들을 인터뷰해 냉정하고 객관적으로 스토리텔링을 해야 함은 기본이다.

가장 빨리, 그리고 가장 정확하게 객관적으로 요약해 뉴스를 알려야 하는 특파원의 특성상 나는 미국 뉴욕 본사와 12~14시간 차이가 나는 서울에서 항상 시차를 염두에 두고 긴장된 상태, 늘 안테나를 올린 상태로 16년을 일할 수밖에 없었다.

그러기 위해서 스스로 터득한 방법 중 하나는 깨어 있을 때도 취침 중에도 촉을 세운 상태에서 'awareness', 즉 주변의 모든 것을 동시에 인지하고 머릿속에 입력해 놓는 훈련이다.

멀티 플레이어처럼 여러 가지 일을 한꺼번에 해야 직성이 풀리는 이들에게는 상대적으로 다소 쉬울 수 있지만 한 가지 일에만 집중해야 하는 이들에게는 노력이 필요한 방법이다. 지속적인 사고의 훈련을 하면 어느 선까지는 가능하다. 이는 흔히 바쁘다면서도 일 처리를 남들의 몇 배로 빨리 해치우는 사람들의 사고 정리 방식이라고도 할 수 있다.

기자 생활 초기에 배운 방법 중 하나를 소개하자면 두뇌 속에 여러 개의 방을 만드는 것이다. 알아야 하는 정보와 지식의 양이 너무나 방대하기에 늘 각 방에 한 가지씩의 생각과 인지한 사실들을 넣어 둔다는 느낌으로 사고하는 것이 나만의 방법이다.

그리고 시간이 지나 얼마 후 일단 전체적으로 대충 몇 개의 방에 어떤 사실들이 들어있는가를 5초 정도 생각해 본다. 이때, 각 방에 담긴 정보의 제목을 문에 써놓은 상상을 해서 제목이 붙은 문들을 머릿속에서 파노라마 지나가듯 상상한다.

그리고 그 직후에는 차례로 하나씩 각 방의 기억들을 끄집어내

기자의 본분은
사건사고를 명확하게 판단하고 전달하되,
현장에 맹물처럼 섞이지 말라는 것이다.
내가 있기에 매몰됐던 정보가 다시 살아 숨쉰다는 생각,
내가 있어야만 현장이 돌아간다는 생각.
그래서 누구보다 더 당당할 수 있어야 한다.

어 생각해 보고, 새로운 정보가 있다면 추가해 정리하고 문을 닫은 후 다음 방으로 넘어가는 형식이다. 데이터를 분류하고, 업데이트하는 방식이다.

때론 각 이슈의 연결성을 감안해 방의 순서를 바꿔 놓기도 한다. 마지막으로는 다시 한번 각 방의 문들에 써진 제목들을 떠올리는 것으로 마무리한다. 이 훈련을 시시때때로 반복적으로 그리고 점점 속도를 내어 하다 보면 곧 익숙해진다.

이처럼 스스로의 방법을 만들고, 또 주변을 신속히 파악하는 안테나를 높이며 직장생활을 하다 보면 저절로 조직에서 꼭 필요한 사람이 된다. 몸값이 높아지는 것은 기본이다.

내 경우는 뉴욕 본사에서 매년 평가를 받는 시스템이었다. 그리고 그 결과가 연봉 재계약에 큰 영향을 미쳤다. 그 평가는 세 명의 미디어 전문가에게 받게 되는데 나를 포함해 나와 함께 일한 동료들, 국제뉴스를 총괄하는 이사, 그리고 on camera 기자와 앵커들이 철저히 분석 비판 시험대에 오른다.

그러기에 1년 내내 동료들에게 내가 늘 공정했는가, 그리고 내 기사에 대한 평가는 어떠한가를 일을 하면서도 항상 염두에 두어야 한다. 나와 나의 기사에 대한 그들의 인상이 미온적이라 느껴지면 즉시 그들과 의견교환 및 의사소통을 해야 한다. 나는 늘 주변의 평가를 인지하고 있으며, 개선하려는 노력을 하고 있다는 점을 내내 상기시켜야 하는 것이다.

이처럼 매사 촉을 세우지 않으면 전혀 타인의 반응을 알 수도 없거니와 반응 자체가 있는지 없는지도 모르는 상태로 시간이 흘러가기 쉽다. 그리고 결국 어느 순간 – 내 경우는 재계약 연봉협상 시기 – 뒤통수를 맞게 되는데 때는 이미 후회해도 늦은 것으로 결론 나게 되어 있다.

호기심은 생각지 못한 기회를 안겨준다

Be an explorer!

어린아이의 호기심은 무한하다. 아이들은 더불어 사는 방법을 부모에게 배우고, 학교에서의 단체생활이 시작되면서 사회적 규범과 제재라는 의미를 각인하게 된다. 시간이 흐를수록 외부의 영향으로 인해 호기심은 조금씩 퇴색할 수밖에 없지만 동시에 조정을 받으며 스스로 절제하는 법을 배우게 된다.

성인이 되어서도 마찬가지다. 적든 많든 호기심을 지닌 사람은 설령 그 호기심이 한순간에 퇴색된다 하더라도 그 호기심을 해결하는 과정에서 많은 것을 얻는다.

갓 직장에 입사한 신입사원의 경우도 마찬가지다. 특정한 직업에 대한 호기심으로 입사하고, 일에 대한 호기심과 책임감을 통해 배우고 성장한다. 그 과정에서 수동적인 자세로 일관하는 사람보다는 늘 왕성한 호기심으로 일을 도모하는 사람이 비교적 업무 능력도 빨리 향상되고 승진할 확률도 더 높다.

이처럼 호기심은 욕망과 마찬가지로, 타인에게 피해가 가지 않는 한, 강할수록 본인에게 더 많은 기회를 안겨준다. 한 사람의 인생에서 호기심이 유년기 다음으로 강하게 발동하는 시기는 10대와 20대다.

이 시기는 어떤 일을 배우더라도 실수나 실패를 용서받을 수 있는 나이라 무엇이든 얼마든지 도전해도 괜찮다. 앞으로 실패하더라도 충분히 새롭게 재도전해도 시간과 가능성이 무한한 시기이기 때문이다. 그렇기 때문에 대학 시절을 포함해 사회 초년 시절은 인생의 황금기라 해도 과언이 아니다.

만약 현재 어떤 일을 해야 할지, 앞으로 어떻게 살아가야 할지 정확히 판단이 서지 않는다 해도, 일단 무엇이든 해보자. 호기심과 이로 인한 다양한 경험은 인생에 득은 되면 됐지 절대 실은 되지 않기 때문이다. 일단 궁금한 것이 있으면 무엇이든 부딪쳐 보라는 말이다. 연애도 좋고, 인턴십도 좋고, 운동이라도 상관없다. 나이를 먹으면 매사에 신도 덜 나고 점점 심드렁해지기 쉽기에 조금이라도 젊을 때 무엇이든 해보는 것은 인생에 충분히 의미가 있다는 뜻이다.

직장생활을 하다 보면 하루의 대부분을 회사에 얽매여 주어진 일 이외에 다른 취미생활을 누리기가 매우 벅차게 된다. 특히 가족과 자녀가 있다면 나 자신을 위해 무언가를 한다는 것이 가족들에게 미안한 일인 동시에 죄책감까지 느껴질 수 있다.

내 주변에도 가족 때문에 인생의 즐거움과 열정을 포기하는 사람이 참 많다. 물론 상황이 여의치 않다면 어쩔 수 없지만 자신을 위한 새로운 경험과 즐거움을 포기하는 순간, 인생의 생기와 활력은 점차 사라진다는 점을 확실히 깨달아야 한다. 하루하루가 괴롭게 느껴진다 해도 새로운 하루가 시작됨을 감사하게 생각할 줄도 알아야 한다.

이처럼 늘 새로운 마음으로 주변에서 일어나는 것들에 관심을 가지는 것은 일상의 활력소인 동시에 또 삶을 지탱할 수 있는 그 이상의 것도 될 수 있다. 그러니 시간의 소중함을 항상 가슴에 품고 주어진 시간을 최대한 효과적으로 활용하는 것은 그만큼 중요하다.

그 과정에서 꼭 스스로 터득해야 할 것은 바로 자신에 대한 끊임없는 분석과 관찰이다. 나에게 무엇이 어떤 방식으로 흥미를 끌고, 잘 맞는지를 끊임없이 분석해 내가 관심을 가지고 해낼 수 있는지를 평가할 수 있어야 한다.

작년 말부터 짧은 사업 경험을 바탕으로 외식과 기부 사업에 도전했다. 음식은 나에게 열정이라고 할 수 있을 만큼 먹는 것을 꽤

나 좋아한다. 맛있는 음식점이 있는 곳이라면 학생 시절에도 기차를 타고, 또 버스를 타고 몇 시간을 찾아갈 정도였다.

유학 시절에도 늘 새로운 음식점에 가면, 일행들에게 메뉴판 보고 공부하느냐는 핀잔을 들었을 만큼 심지어 주문을 모두 끝낸 후에도 메뉴판을 앞에 두고 음식의 종류를 꼼꼼히 살펴보는 습관이 있었다. 그래서 마침 커피와 음식을 전문으로 하는 테마 레스토랑에 투자할 기회가 왔을 때 선뜻 후배와 함께 시작해 보기로 한 것이었다. 그리고 평소 취미가 있는 미술을 곁들여 레스토랑과 갤러리를 함께 운영하기로 했다.

그림의 판매 수익은 아프리카에서 봉사하는 분들에게 의족 등 의료기기와 약품을 지원하고, 오지에 건립하는 학교에 필요한 교구 등을 기부 지원하기로 결정했다.

관심이 있는 사업에 투자도 하고, 또 누군가를 도울 수도 있게 되었으니 그야말로 일석이조인 셈이다. 아직은 오픈한 지 얼마 되지 않아 운영이 빠듯하지만 내가 마련한 나의 소중한 공간에서 지인들과 나누는 소중한 시간은 어떤 것도 대신할 수 없을 만큼 행복하다. 관심과 흥미를 멈추지 않고 실행하는 과정에서 얻는 생각지 못한 즐거움과 보람에 매일이 새롭다.

인생에 자고로 주머니를 하나만 찰 필요는 없다. 기회가 왔을 때는 결정을 내릴 줄도 알아야 한다. 좋은 기회가 왔는데 막상 두렵거나 자신감이 없을 때 그것이 나를 위한 인생의 투자라 여겨지면 과감히 결정을 내려야 한다. 지금 내 나이 사십대 초반에 외신 기자라는 본업 외에도 늘 새로운 진로를 모색하는 중이다. 양다리를 걸쳤다고나 할까.

    호기심에 대한 열정을 채우고 싶어 벌인 사업이 과연 앞으로 어떻게 풀릴지는 모르겠지만 이런 와중에 중년의 조주희는 여전히 건재하다는 안도감과 쾌감을 느낀다.

험담, 질투, 모함을 즐기자

Enjoy the challenge, win the battle

　직장생활을 어느 정도 하다 보면 사회가 얼마나 냉정한지를 경험하게 된다. 왜냐하면 실수와 실패에는 반드시 대가가 따르기 때문이다.

　본인 잘못이 아니더라도 타인의 음모나 모략으로 실패자로 낙인찍히는 억울함을 당할 수도 있고, 어느 누구의 잘못이 아니더라도 조직과 시대의 흐름에 따라 불가피하게 낙오자로 취급당하기도 한다.

　그렇기 때문에 사회와 직장에서 꼭 지녀야 하는 한 가지 미덕이 있는데 그것은 바로 험담이나 질투, 모함을 즐길 줄 알아야 한다는 것이다. 나는 어릴 때부터 타의 반, 자의 반으로 험담과 질투, 모함을 즐기는 법을 배웠다.

초등학교 3학년 때는 외교관인 아버지와 함께 미국에서 지내게 되었는데, 당시에는 단순한 문화적인 차이보다는 백인학교에서 유색인종으로 겪는 고통이 더 컸던 것 같다.

당시 70년대 버지니아에서 주로 백인들이 사는 동네 학교로 전학을 가서 꽤 고생을 했다. 당시 한국에 대한 이미지 자체가 불쌍하고 못사는 나라, 전쟁으로 얼룩진 나라였다. 인종차별적인 가정환경에서 자란 몇몇 아이가 줄곧 나를 괴롭혔는데 그들은 점심시간만 되면 양손가락으로 눈 끝을 올렸다 내렸다 하면서 '차이니스? 재패니스?'를 외치며 놀리곤 했다.

말이 안 통하니 분해도 어쩔 수 없었고, 부모님께서는 그냥 참고 다니든지 아니면 선생님께 알리라고만 하셨는데 어린 시절부터 워낙 자존심과 자존감이 강했기 때문인지 선생님에게마저 내 약한 모습을 보여주기 싫었다.

선생님께 도움을 요청하고 보호를 받는 방법도 있었지만 그보다는 '가난한 나라에서 온 눈이 찢어진 동양 여자 아이'라는 이미지를 벗고 싶은 마음이 훨씬 더 강했다.

그때부터 새로운 친구들을 만드는 방법을 연구하기 시작했다. 먼저 새벽에는 수영 팀에서 활동하면서 친구를 하나하나 사귀기 시작했다. 그리고 방과후에는 기계체조를 배우고 학교 합창단 오디션도 봐서 당당하게 합격했다.

추억도 때론 힘겹게 쟁취하는 것.
13년 만의 재회였지만
여전히 같은 모습으로 웃을 수 있는
피부색도, 눈동자색도 모두 다른
사랑스러운 친구들.
2003년 대학시절 나의 사랑스러운 룸메이트인
JoJo의 결혼식날.

백인 아이들과 자연스럽게 어울리고 섞일 줄 아는 작은 동양 아이에게 그때부터 미국 아이들은 마음을 열기 시작했다. 내가 그저 피부색이 다른 특이한 동양 아이가 아니라, 그들과 같은 눈높이와 마음을 지닌 평범하고 재미있는 친구가 될 수 있다는 사실을 아이들에게 행동으로 보여준 것이다.

아마도 그때부터 스스로 살아남을 수 있는 방법을 터득한 것이 아닌가 한다. 지금 생각해도 그때는 너무 어릴 때라 상처도 많이 받았지만 그때의 기억이 20대, 30대의 나를 더 단단히 해주고, 그런 상황을 즐기게 만들어준 것 같다.

일단, 편견이나 차별을 이기는 가장 좋은 방법은 스스로가 먼저 그것을 편견이라고 인정하지 않는 것이다. 하지만 그것은 무엇보다 스스로의 목표와 가치관이 뚜렷해야 가능한 일이다.

일단 내가 알 수 있는 나만의 선을 그을 수 있어야 어떤 경우에도 쉽게 휩쓸리지 않고 목표에 다가설 수 있다는 뜻이다. 그래서 나의 경우는 어느 누구든 간에 각자 좋아하고 싫어하는 부분에 대해서는 인정하고 존중해야 한다고 생각하는 주의다.

아무리 상대방이 나의 정치적 이념과 상반되는 견해를 갖고 있어도, 남들은 다 싫어하는 비호감 직업군에 속해 있어도, 혹은 생소한 국가에서 온 문화가 전혀 다른 사람이라도, 결국 그 사람 자체를 있는 그대로 인정하고 내 취향을 결코 강요하지 않는다.

그러나 그 사람의 취향이 나 혹은 주변인에게 피해를 주는 것이라면 상대방에게 꼭 메시지를 전달한다. 아마 이런 성격 때문에 주변 지인들이 나를 무미건조하고 현실적인 사람으로 평가하는지 모르겠으나, 상대방에 대한 부정적 이미지를 마음속에 품고 있는 것보다는 훨씬 낫다고 생각한다. 내 생각을 분명히 전하는 것이 나중에 더 큰 오해를 불러일으키지 않기 때문이다.

그런데 간혹 여자들끼리는 객관적이고 이성적인 판단을 내리는 것이 결코 수월하지 않다는 결론에 도달하게 된다. 나의 경우도 내가 전혀 모르는 공인이나 먼 관계의 사람이 잘나가면 부럽고 닮고 싶은 마음이 가득하다.

그리고 가까웠던 동급 친구나 지인이 앞으로 쭉쭉 뻗어나가는 모습을 보면 나와 상대적으로 비교할 수밖에 없고, 순간적으로 질투도 나고 샘도 난다. '정말 잘됐다. 진심으로 축하해 줘야지'에서 마음이 마무리되면 좋지만, 여기서 감정이 흘러넘치면 자칫 다른 이에게 옹졸한 내 속내를 드러내는 험담을 하게 되는 것이다. 험담이 지나치면 모함이 되는데 이는 당하는 사람 입장에서는 참으로 괴로운 일이다.

어느 누구나 무언가 남들보다 특출하고 능력이 있으면 질투, 험담, 모함은 필수로 따라오게 마련이다. 이럴 때는 험담과 모함에 마냥 괴로워하기보다는 이를 긍정적으로 해석하는 것밖에 방법이 없다. 그저 내가 이룬 것이 많고 가진 것이 많기에 남들이 관심을 보이는 것이라 받아들이면 이에 휩쓸리지 않을 수 있다.

가끔 이런 고민을 털어놓는 후배들에게 매몰차게 대답해 준다. 남들이 질투하고 모함하는 것을 자기 자신을 위한 칭찬으로 받아들일 수 있어야 한다고. 오히려 이를 감사하게 생각하라고.

내 주변에서 일어나는 모든 일은 나에 대한 관심에서 시작되는 것이기에 그 방법이 격할지라도 이를 먼저 즐길 줄 아는 '배짱'부터 키우라고 말이다.

모든 것은 나에 대한 관심의 표현이다

It's all because they care

십 년 전 내가 한국에 들어와 상주하기 시작했을 때의 일이다. 그때는 국내 인터넷 환경이 그다지 빠르지도 않았고 내가 속해 있던 워싱턴포스트도, ABC News도 웹사이트가 아직은 활성화되지 않았던 시기다.

그래서 나의 기사들을 국내에서 쉽게 접할 수 없어서였는지는 모르지만 당시 알고 지내던 정부 모 부처 장관이 동석했던 술자리에서 모 프로덕션(지금은 손에 꼽힐 정도로 성장한)의 회장님이 충격 발언을 했다고 한다.

'조주희는 기자도 아닌데 기자라고 말하고 다닌다, 기사 본 적

있느냐, 남자만 홀리고 다니는 꽃뱀'이라며 신랄하게 나에 대한 욕설을 퍼부었다고 했다. 그 자리에 있었던 정치인과 당시 사업을 하던 선배 언니가 나에게 걱정스레 언질을 주었다.

순간 너무나 억울하고 욱하는 마음에 1998년 취재자리에서 잠깐 인사를 나눈 게 전부였던 그 연로하신 회장을 찾아가서 따질까, 명예훼손으로 고소할까 생각도 했지만 결론적으로 일단 사실도 아니고, 직업상 그 사람과 마주칠 일도 없을 테니 괜한 감정소모와 시간낭비하지 말자고 나 스스로를 위안하며 꾹 참고 넘긴 적이 있다.

이렇게 말도 안 되는 모함을 당해도 넘기고 마는 사람도 있지만, 내 생활 반경 속에서 나에게 직접적인 영향을 주면서 나를 모함하는 사람에게는 분명히 말을 해둘 필요가 있다. 예를 들어 본인의 이익을 위해, 혹은 본인의 잘못을 숨기기 위해 나를 희생양으로 삼으려는 사람들이다.

지금은 퇴사했지만 런던 지국에 있던 M이라는 프로듀서 겸 에디터가 있었다. 시간차가 있는 관계로 그녀는 주로 내가 오후 5~6시쯤 보내는 기사를 받아 수정해 뉴욕으로 넘기는 중간 책임자였다. 그런데 기사가 떠야 할 서울시간 새벽 1~2시에 기사가 뜨지 않는 것이었다.

이런 일이 여러 번 반복되다 어느 날 뉴욕의 국제뉴스 책임자가 내게 뜬금없이 마감시간은 꼭 지켜야 한다는 내용의 가벼운 경고 메시지를 보내왔다. 일단 나는 그에게 'well understood' 즉, 알았다는 짧은 답을 보냈다. 그 후 수 주 동안 다른 부서의 프로듀서들에게 조용히 어떻게 된 일인지를 수소문하기 시작했다.

알고 보니 런던의 그녀는 아침에 출근하자마자 먼저 아시아에서 넘어온 기사를 처리해야 하는데, 그쪽 시간대인 유럽과 아프리카 뉴스가 실시간으로 계속 들어오는 것을 처리하느라 아시아에서 보낸 내 기사는 나중으로 미루어 놓는다는 것이다.

그러다 깜빡 잊고 있다 퇴근 직전에 발견하고 대충 감수한 후 뉴욕으로 보내곤 했던 것이다. 그러다 뉴욕에서 왜 이제 보내느냐고 불평하면 오히려 내 원고가 늦게 들어와서 그렇다고 핑계를 대고는 내게 사과는 고사하고 알려주지도 않고 있었다.

물론 그 사실을 다 알게 된 후 나는 뉴욕 책임자에게 전화를 걸어 직설적으로 대답해 주었다. 돌려 말하지도 않았다. 내게 잘못이 있는 것이 아니라 런던의 M이 내 기사를 깔고 앉았다가(sitting on my article이라고 흔히 기사를 내지 않고 지연시킨다는 뉴스룸 용어) 뒤늦게 보낸 것으로 알고 있고, 그녀는 내게 그 사실을 알려주지 않아 이런 오해가 생긴 것이라고.

이처럼 험담이나 모함을 한 당사자가 아닌 제3자를 통해 이를 알게 되었을 때는 일단, 침착해질 필요가 있다. 좋지 않은 이야기를 선의든 악의든 전달하는 사람은 상대방에게 가서 거꾸로 내 말을 전달할 소지가 다분하기 때문이다.

대구 지하철 참사 사건..

워싱턴포스트에 뉴스를 기고하면서도

그때의 끔찍한 기억에 아직도 몸서리가 쳐진다.

만약 내가 뉴스를 전하는 기자가 아니었다면

그 참혹함을 그저 눈물로 호소했으리라.

그러나 말을 전달한 사람의 입장을 고려해 적당하게 답을 해주어야 한다. 그때 당시 나에게 경고를 한 뉴욕 책임자에게 '알겠다'고 대답했던 것도 그런 의미에서였다. 일단 간단히 대답하고, 덧붙여 구구한 해명을 하거나 불쾌하다는 식의 코멘트는 하지 않는 것이 좋다.

그리고 나에게 직접적으로 험담을 하는 사람이 있을 경우 얼굴에 미소를 띠고 표정관리를 한 후, 충분히 상대방의 생각을 접수했다는 표시를 한다. 사항의 중요도와 심각성에 따라 '아, 그렇게 느꼈습니까'에서부터 조금 더 나아가 '그렇군요. 고민해 보지요'까지, 일단 조용히 넘긴다.

나는 누군가가 나에게 태클을 걸어오면 스트레스를 받기 이전에 작은 게임을 시작했다고 여긴다. 그와 나의 배틀이 시작된 것이다. 저 사람이 나에게 왜 이러나, 내가 무엇을 어쨌기에, 내가 진짜 그런 건가 하는 식의 소극적인 반응은 나 스스로에게 한 치의 도움도 되지 않는다.

그렇기에 일단은 아주 냉정하고 냉담하게 받아들일 필요가 있다. '아, 저 사람은 나에 대해 이렇게 생각하고 저렇게 말하고 다니는구나'라고 담담하게 받아들이면 기분은 언짢지만 마음이 아플 것까지는 없으니 말이다. 물론 이렇게 여기기 위해서는 나 스스로에게 먼저 떳떳해야 한다.

마지막으로 무엇보다도 이런 상황을 어떻게 넘길 것인가에 대한 치밀한 계획을 세워야 한다. 가볍게 넘겨도 될 만한 사항, 맞대응을 해야 하는 사항, 그리고 내가 받아들일 수 있는 선을 넘었기에 철저한 응징을 해야 하는 사항으로 나누어 처리한다.

대응과 응징은 어설프면 안 하는 것만도 못하기 때문에, 끝까지 깊게 고려해 보고 실행에 옮긴다. 응징이라는 것은 유치한 복수를 뜻하는 것이 아니다. 이유 없이, 또는 오해나 곡해로 나를 비난하거나 험담하는 사람에게는 진실을 밝혀줄 필요가 있다. 그럴 가치가 없는 사람이라면 그저 담담하게 무시하는 것이 상책이다.

그리고 이 모든 과정에서 가장 중요한 것은 내 주변에서 일어나는 모든 현상을 즐겨야 한다는 것이다. 그것이 설령 불쾌한 일이더라도. 나를 말로서 해하고 싶어 하는 세상 사람들의 입을 다 막을 수는 없으니 피할 수 없으면 즐기는 쪽을 택하는 것이 현명하지 않은가.

물론 누군가가 치고 들어오면 가만히 맞지는 말아야 한다. 그렇다고 모든 상대방에게 맞대응을 할 필요도 없다. 모든 것은 선택과 집중이다. 대응이 필요한 사람을 '골라서' 대응 수위를 현명하게 정한 후 행동에 옮기는 것이다. 이 과정 자체를 즐기면 간단하다.

길을 걷다 낯선 이가 내 어깨를 툭 하고 건드리고 지나가면 잠시 기분은 나쁘겠지만 곧 잊게 되는 것처럼 피곤하게 일일이 맞대응할 필요는 없다. 그러나 누군가가 부당하게 양손으로 내 어깨를 밀치고 노려본다면 여기에는 적절한 대응이 필요한 것이다. 나를 해하려는 상황에 슬퍼하고 주눅 들 것이 아니라 이 모든 상황과 과정, 결과를 나에게 주어진 하나의 도전이라 여기자. 이 배틀에서 이기고 지는 것은 모두 나에게 달려 있다고 생각하자.

그런데 알고 보면 결국 상대방 입장에서 나를 험담하거나 모함하는 이유는 두 가지다. 보통 나라는 사람에게 지대한 관심이 있기 때문에 왠지 얄밉고 싫고 짓밟고 싶은 것. 혹은 순간적인 상황을 모면하기 위해 나를 희생양으로 삼는 것. 나를 험담하는 사람의 입장에서도 이는 큰 모험일 수 있다.

그런데 이런 경우 매우 중요한 한 가지는 나에게 들어오는 공격이 정말 험담이거나 모함인지, 아니면 나에게 반성할 기회를 주는 비판인지는 구분할 줄 알아야 한다는 것이다.

누군가가 나를 '비판'하는 것이라면 일단 상대방의 입장을 충분히 존중할 줄 알아야 한다. 모두 같은 사람은 없기에 나의 단점을 자각해 개선하고, 만약 그 '비판'이 수긍하기 어려운 종류의 것이라면 일단 그와 대화를 시도해 보는 것이 좋다.

막상 이야기를 나누어 보면 상대방이 나에 대해 아주 작은 오해를 하고 있는 경우도 꽤 많기 때문이다. 무엇이든 당사자와 이야기해 보기 전에는 진실을 알 수 없는 것처럼 말이다.

그러나 단순히 상처와 흠집을 내려는 의도의 험담과 모함이라면 그 또한 나에 대한 특별한 관심으로 여기는 것이 속 편하다. 유명 스타들에게 안티 카페가 생기는 이유도 매한가지 아닐까.

질투와 모함을 즐겁게 여기는 것. 불쾌한 상황에서도 초연히 그 상황에 대응할 줄 안다면 나를 향한 험담과 모함은 저절로 사그라지게 되어 있다. 지금껏 나는 그렇게 살아왔고, 그것이 맞다고 생각해 왔다.

마음이 지치면 몸을 단련시켜라

Healthy body, healthy mind

십수 년을 미국회사에서 일하다 보면 시차 때문에 항상 잠이 부족할 수밖에 없다. 큰 뉴스가 터지면 밤을 꼬박 새우는 것은 기본이고, 낮에는 한국에서 벌어지는 사건들을 취재해야 하니 말 그대로 밤낮으로 일해야 하는 것이다.

그런데 미국 동료들과 함께 작업하다 보면, 그들의 철저한 자기 체력관리에 혀를 내두를 때가 많다. 뉴스가치가 국제적으로 매우 큰 경우에는 본사에서 지원인력들이 서울로 오는데 이들은 시간차에도 불구하고 정말 끄떡없이 밤을 새운다.

서양인들이 동양인들에 비해 태생적으로 튼튼하다손 치더라도, 가장 인상 깊고 놀라운 점은 늘 운동을 거르지 않는다는 점이다. 이들은 정신없이 일을 하다가도 잠시 짬이 나면 묵고 있는 호텔 체육관으로 달려가고, 새벽 6시에 방송이 마무리되어도 쓰러져 자기는커녕 운동을 거르지 않는다.

정말 어디서 저런 에너지가 나올까 싶을 정도로 놀랍고 궁금했다. 하지만 도저히 내 체력으로는 그들을 쫓는 것은 불가능해 보이기에 그저 소파에 누워 좋아하는 드라마를 보며 휴식을 하고 긴장을 풀었다.

그런데 몇 년 전부터 몸에 적신호가 오기 시작했다. 특히 2004년부터 2007년까지는 내 인생에서 가장 바빴던 시기였는데 이때는 현기증과 위경련을 항상 달고 다녔다.

수개월에 한 번씩은 장염으로 탈이 나 병원신세를 몇 번씩 지는 것이 일상이었다. 워싱턴포스트 기자와 ABC News 기자를 겸직하면서 KBS 시사투나잇, MBC 여성의 힘, EBS 미디어 바로보기 등 한국 방송사 프로그램 진행을 연속적으로 맡았고, 그 와중에 연세대학교 신방과 박사학위 과정을 밟는 중이었다.

심지어 영어로 시간강사까지 했으니 동시에 적어도 둘, 많을 때는 다섯 가지 일을 소화해야 했고, 내 몸의 엔진은 풀가동 수준을 넘어 과부하로 치닫고 있었다.

그런데 일만 바쁘면 그런대로 견딜 만했을 텐데 설상가상으로 그때 내 인생 두 번째로 힘든 시기를 지나가고 있었다. 지금 떠올려 보아도 지옥 같았던 인생 첫 번째 고비는 바로 25살 되던 해, 두 살밖에 안 된 아들을 빼앗겼던 때였다. 어머니가 돌아가시고 23살이 되던 해 주변 어른들의 강압적인 권유로 결혼이라는 것을 하게 되었다.

평소 내 주장도 강했고 욕심도 더없이 많았던 나에게 결혼은 너무나도 버거운 굴레였다. 결혼 직후에는 예쁜 아들을 출산했고, 내 고집대로 대학원에 복학했으나 결혼생활에는 불화가 끊이지 않았다.

결국 2년 만에 결혼생활은 끝이 났다. 요즘이야 이혼이 무슨 큰 허물이 되겠느냐마는 그 당시 한국사회 분위기로는 이혼은 엄청나게 불명예스러운 일이었고, 설령 이혼을 했더라도 숨기고 살거나 숨어 사는 것이 당연하다는 정서가 팽배했다.

아무도 내 편이 되어 주지 않았다. 늘 나에게 용기를 주셨던 아버지마저 집안 망신이라며 아예 한국에 들어오지 말라고 하셨고, 돌이 갓 지난 아들을 미국에서 홀로 키우며 대학원을 겨우 마친 나에게 그 누구도 금전적인 도움을 주지 않았다.

1994년 12월 마지막 졸업시험을 마친 날, 나의 은행잔고는 단 이백 달러였다. 집세와 우유 값이 너무도 절실했다. 새로 얻은 직장은 7월부터 시작이었으니 반 년 정도는 경제적인 지원이 절실했다.

하지만 이혼을 한 나에게 돌아오는 대답이라곤 혼자 잘살아 보라는 냉정한 반응이 전부였다. 결국 어린 아들을 시부모님께 잠시 맡기기로 결정했다. 하루빨리 새로운 직장과 집을 구하고 경제적으로 안정된 후에 아들을 데리러 가기로 마음먹었는데 그것이 결국 화근이 되었다.

당시 법에 무지했던 20대의 나는 잠시 시부모 댁에 아들을 맡긴 것이 양육 분쟁의 시초가 될 것이라는 것을 예상하지 못했던 것이다. 그리고 어느새 결혼생활 전부터 알고 지내던 또 다른 여자가 이미 시댁에서 내 아들을 함께 키우고 있었다는 충격적인 사실을 알게 되었다.

그 이후로 어언 1년을 실성한 사람처럼 살았고, 당시 몸무게가 38킬로그램밖에 안 나갈 정도로 정신적으로 육체적으로 피폐한 나날을 보냈다.

오히려 회사에서는 괜찮았다. 그러나 정신없이 일한 후 집으로 돌아오자마자 무수히 밀려오는 감정을 견디기 힘들었다. 아들에 대한 그리움, 어른들에 대한 배신감, 그리고 아들을 찾기 위해 아무것도 할 수 없었던 무능력하고 무기력한 나 자신.

나 자신이 너무나 처량해 울다가도 웃고, 먹다가도 토하는 그야말로 심한 우울증에 시달렸다. 그때 문득 깨달았다. 내가 정신을 차리고 힘을 가져야 내 자식을 지킬 수 있다는 것을. 이렇게 무너지면 모든 게 끝장이라는 생각에 정신이 번뜩 들었다.

그 후 7년 동안은 투쟁의 시간이었다. 법정에서 아들에 대한 양육권을 찾기 위해 싸웠다. 그리고 정정당당하게 법의 보호 속에서 매년 서너 번씩 꾸준히 아들과 시간을 보냈고 결국 공동양육권을 보장받게 되었다. 그런데 사춘기가 시작된 아들이 청천벽력 같은 통보를 해왔다.

'제발 엄마 안 만나고 싶으니까 나를 보러 오지 마세요.'

아들이 오히려 나를 보고 싶지 않다고 선언한 것이었다. 하늘이 무너졌다. 함께하게 될 날을 꿈꾸며 아들의 방까지 꾸며 놓고 살아왔는데. 그런데 아들이 이제 나를 보지 않겠다니 생각할 수도 없는 일이었다. 마치 심장을 칼로 도려내는 듯 아팠다.

이제 나는 어떻게 살아야 할까. 답은 일에 미치는 것밖에는 없었다. 아들에 대한 그리움이 나를 무너지게 할까 봐, 또다시 그 끔찍한 우울증이 찾아올 것만 같은 두려움에 나는 일을 돌파구로 정했다. 하루 24시간 미친 듯이 일을 찾아다녔다.

조금이라도 여유 시간이 있으면 친구들을 찾아다녔고, 잠시 여가가 나면 여행을 훌쩍 떠나거나 쉬지 않고 운동을 했다. 나 자신이 홀로 남는 그 순간을, 그 여지를 남겨두지 않은 것이다. 나는 어쩌면 내 나름의 감정극복 방법을 알고 있었던 셈이다. 두 번이나 고비를 넘기니 한 가지 결론에 도달했다. 몸이 건강하면 마음 역시 쉽게 무너지지 않는다는 것, 마음이 약해지면 몸으로 마음의 공백을 메울 수 있다는 그 중요한 사실을 깨달았던 시기였다.

운동 하면, 대부분의 사람은 흔히 체육 시설이 되어 있는 헬스장을 주로 찾는데 나의 경우에는 헬스장에 가는 것도 쉽지 않은 일이었다.

시간에 쫓기는 직업상 왕복 교통 시간, 운동 시간, 샤워 시간, 그리고 다시 화장을 하는 시간까지 합하면 적어도 세 시간 이상은 소요되는 일이라 만만치 않았다. 나뿐만 아니라 대부분의 직장여성도 마찬가지일 것이라 생각한다.

그래서 운동은 하고 싶은데 시간은 없고 해서 고안한 방법이 바로 일주일에 두 번 정도 선생님을 집으로 모셔 와 요가를 꾸준히 하는 것이었다. 물론 어느 정도의 비용은 감수해야 하지만 장기적으로 내 건강을 생각했을 때 아깝지 않은 투자였다.

벌써 3년이나 수련해 왔는데 일대일 레슨의 효과는 생각보다 대단했다. 동작 하나하나와 정확한 호흡법까지 지도 받으니 나에게는 그만큼 효과적인 운동이 없었다.

요즘도 쉬지 않고 틈틈이 요가를 하고 있는데 내근 강화는 물론 머릿속까지 말끔히 정리되는 효과가 있다. 스트레스가 많은 사람들에게는 남녀노소 불문하고 적극 추천하고 싶다.

나만을 위한 사치는 필수다

You deserve to be treated

    나의 소비 대상 1순위는 옷이나 액세서리도 아니요 외식도 아닙니다. 남들과는 조금 다른 기준이기는 하지만 나는 요가, 그리고 골프와 마사지에는 절대 돈을 아끼지 않는다.

    골프는 내게 말로 표현할 수 없는 행복감과 도전의식을 자아내는 나의 열정(passion)이다. 어떤 사람들은 골프가 제대로 된 운동이냐, 돈 많은 사람들이나 즐기는 사치스러운 스포츠일 뿐이라고 말하지만 매번 라운드를 할 때마다 골프가 내게 안겨주는 그 행복한 짜릿함은 그 어떤 금은보화와도 바꿀 수 없다.

    골프는 워낙 변수가 많은 운동이다. 잘 안 되는 이유가 백 가지도 넘는다는 우스갯소리도 있는데 그날의 기분, 날씨, 동료에 따라 결과가 판이하게 다를 수 있다는 점이 매력적이다. 무엇보다도 골프는 육체적 훈련뿐만 아니라 머리도 함께 써야 한다는 점이 나를 매번 흥분케 한다.

무엇보다도 늘 마주치는 익숙한 풍경들. 집과 사무실, 그리고 사건사고의 현장에서 벗어나 푸른 하늘 아래 푸른 잔디를 밟고 따스한 햇살을 느낄 수 있다는 점. 친숙하다 못해 권태로운 시공간에서 벗어나 좋아하는 사람들과 좋은 시간을 함께할 수 있다는 점이 너무나도 행복했기에 내가 이토록 골프를 좋아하는 것 같다.

십여 년 전만 해도 휴가철만 되면 해외로 훌쩍 떠나 운동할 계획을 세우며 가슴 설렜다. 나뿐만 아니라 워낙 골프를 좋아하는 사람들과 자주 만나다 보니 자연스럽게 이와 관련한 사업도 함께 해 보자는 약속도 하곤 했다. 그리고 일흔 살 노인이 되어도 이렇게 함께 만나 즐거운 휴가를 즐길 수 있도록 해보자고 약속했었다. 그러다 마흔 살이 되던 해에 드디어 친구들과 함께 꿈을 이루었다.

그동안 모아둔 자금으로 일본과 상하이에 살고 있는 친구들과 함께 '라비오라'라는 골프의류 브랜드를 창업한 것이다. 기자로 사회생활을 시작했고, 사업 노하우라고는 전무하지만 골프에 대한 열정 하나로 시작한 일이었다.

내가 좋아하는 일을 하며 돈도, 행복도 얻을 수 있다는 생각으로 베팅을 한 것이다. 그런데 결과는 아쉽지만 실패였다. 내 본업

내 생애 첫 이글.
골프를 시작한 이후로 가장 짜릿했던 순간이다.

마음이 산란하거나
정신이 복잡할 때는
몸과 마음을 집중할 수 있는 스포츠를 하는 것만큼
정신 건강에 좋은 것은 없다.

과 병행할 수 있다는 가벼운 마음으로 시작했는데 하루 24시간을 쪼개 취재와 사업을 병행하는 일이 만만치 않았던 탓이다. 내 모든 것을 올인해도 힘든 것이 바로 사업이라는 것을 깨달았다. 뼈아픈 손해는 있었지만 그래도 후회는 없다.

경영이나 직원 관리도 어떻게 이루어지는지를 비로소 깨달을 수 있었던 값진 경험이었고, 기자라는 내 본분을 한순간도 잊어본 적이 없었기에 내 중심을 제대로 잡을 수 있었던 경험이라 생각한다.

내가 또 하나 사람들에게 추천할 만한 건강 관리법은 바로 명상이다. 최근 미국의 토머스 제퍼슨 의과대학교의 신경신학 연구팀의 연구결과에 의하면 깊은 생각에 잠기는 명상이나 기도를 할 때면 전두엽의 한가운데 있는 전측 대상회가 평상시보다 더욱 활성화되어 감정과 행동을 통제하는 능력이 발달한다고 한다.

앞서 말한 가장 힘들었던 두 번의 고비를 이겨내는 데도 명상이 큰 도움이 되었다. 눈을 감고 모든 잡념을 하나씩 떨쳐내는 것. 이는 일종의 세뇌(brainwashing)라고도 생각하는데 호흡을 차분히 가라앉히는 동시에 내 머릿속을 밝은 기운으로 채워 넣어 더 강하게 단련하는 것이다.

우리가 흔히 느끼는 피로는 때로는 육체적인 체력저하보다는 감정적인 요소가 더 크게 작용하는 경우가 많다. 정신이 지치면 일의 능률도 함께 떨어지고, 그러다 보면 몸도 지쳐가는 악순환이 반복된다.

건강이 최고라는 사실은 누구나 다 아는 사실이다. 하지만 바삐 돌아가는 일정 속에서 이를 지킬 줄 아는 사람은 많지 않다. 그러나 무엇보다 중요한 것은 원하는 것을 얻기 위해서는 그 주체인 나 자신이 먼저 강해져야 한다는 것이다.

내 삶의 모토 중 하나가 '내 몸이 건강해야 주변 사람들에게 민폐를 끼치지 않는다!' 이다. 가끔 술이나 담배를 매우 좋아하거나 자기 관리에 소홀한 지인들에게 걱정스레 잔소리를 하면, '아, 날 내버려둬. 인생 한번 사는데 이러다 가겠지' 라고 대답하는 분이 꽤 있다. 그런데 이는 너무나도 무책임하고 이기적인 자세일 뿐이다.

내 인생이지만, 이런 나의 인생을 이롭게 하기 위해 살아가는 무수히 많은 사람을 위해서라도 우리는 제대로 살 필요가 있는 것이다. 부모, 형제, 친구들. 그리고 알게 모르게 나에게 많은 도움을 주고 있는 많은 사람을 위해서라도 자신의 인생을 소홀히 여기는 것은 어리석은 일이다.

모든 일에는 균형이 필요한 법이다. 컨디션이 좋을 때는 몸을 약간 혹사시키는 한이 있더라도 일과 배움에 모든 것을 쏟아 붓는 에너지를 가동해야 한다. 그리고 컨디션이 좋지 않을 때는 모든 것을 잠시 쉬며 재충전하는 시간을 가지는 용기와 결단력도 필요하다. 나 자신이 아니면 누가 내 건강을 신경 써 줄까?

건강한 몸과 마음은 늘 함께 간다는 만고의 진리를 잊지 말아야 한다. 내 몸 챙기는 것이 사치라는 생각부터 일단 버리자.

Part Three
유연함이 답이다

Flexibility is the key

흥분, 몰입, 여유의 사이클을 조절하라

Train to breathe and control your emotional cycle

유연함. 내가 가장 좋아하는 단어 중 하나다. 흑백논리가 지배하던 시대는 이미 지나갔고, 시의 적절한 판단력과 융통성이 미덕으로 인정받는 시대가 온 것 같다. 옳고 그름의 기준이 IT 발달과 미디어 매체로 인해 나날이 조금씩 이동하고 있기 때문이다.

미국의 성공한 강사며 1회 강연료가 20만 달러(약 2억 2000만 원)에 육박한다는 브라이언 트레이시도 자신의 저서 〈플렉스FLEX〉를 통해 유연성이야말로 조직과 사회에서 성공하고자 하는 현대인들에게 가장 중요한 조건이라고 강조한 바 있다. 이처럼 급변하는 환경에 적응하기 위해서는 무엇보다 자기 가치관을 더 유연하

무슨 일을 하든,
쉽게 생각해서는 큰코다치기 쉽다.
일단 결정을 내렸다면
과감히 돌진하되,
만약 원치 않거나
망설여지는 일이라면
내가 왜 그런지
그 까닭부터 먼저 알아야 한다.

누가 대신 결정해 주는 일이란 인생에 없다.
자신의 인생은 자기 자신이
주도할 줄 알아야 한다.

고 융통성 있게 조절해 '타협'할 준비가 되어 있어야 한다.

방송을 처음 하는 신인 아나운서나 기자를 화면에서 보면 조금 예민한 시청자들은 그들이 매우 긴장하고 있는 것을 금방 눈치 챌 수 있을 것이다.

얼굴은 굳어 있고, 사람에 따라 다르긴 하지만 몸이 석고상처럼 얼어 있다거나 혹은 반대로 손 제스처를 과하게 쓴다거나 팔꿈치를 리듬에 맞춰 튕긴다거나 하는 불안한 모습을 보게 된다. 간혹 상체가 심하게 흔들리는 사람도 있다.

'남자의 자격'이란 예능프로그램에서 한 소프라노가 훈련을 받으면서 몸이 흐느적거린다고 박칼린 선생께 호된 꾸지람을 듣고 구석에서 벌을 서던 경우도 비슷하다.

나는 그 프로그램을 보면서 90년대 중반 처음으로 화면에 나와 뉴스를 전달하던 때를 떠올렸다. 물론 보는 사람은 안쓰럽고 답답하고 때론 '뭐 저래?' 하며 내 모습을 냉소적으로 받아들이겠지만, 막상 그 자리에 서는 당사자는 머릿속이 하얗다. 가슴은 쿵쾅거리고 심장은 튀어나올 듯하고, 목소리는 떨리고 얼굴은 벌겋게 달아오르는 등 머리로는 집중하기 위해 버티려 노력하지만 몸은 쉽게 말을 듣지 않는 것이다.

미국 스타일의 뉴스 방송은 내레이션(미국식 방송용어로는 voice over)이 매우 중요한데, 항상 '읽는(reading)' 내레이션이 아니라 '말로 전하는(telling)' 스타일을 강조한다.

한국이나 영국의 방송뉴스는 흔히 우리가 쓰는 구어체가 아닌 조금 더 딱딱하고 권위적인 느낌이 드는 반면, 미국식은 '옆집 이웃이나 친구'에게 '있잖아~ 오늘 이러이러한 일이 있었어~'라는 느낌으로 내레이션을 해야 한다. 그런데 잔뜩 긴장한 상태에서 기사 원고를 외워 막상 카메라 앞에 서면 그런 목소리 톤은 절대로 나올 수 없게 되어 있다.

일종의 카메라 공포증으로 시작된 나의 방송 경력을 딱 한 가지 훈련으로 극복했는데, 바로 호흡법이다. 흔히들 복식호흡을 하라 하지만 정확한 표현은 '완전호흡'이다.

인도의 아유르베다 테라피스트로 유명한 김충문 선생의 표현을 빌리자면, 호흡을 천천히 들이마시며 늑골을 확장시키는 것이다.

그러니까 배가 불룩 나오지 않도록 바로 배 위까지 폐 전체에 공기를 채우면 호흡이 머리 뒤쪽을 타고 올라가 이마 정가운데까지 온 시점에서 코로 천천히 내뱉는 호흡을 말한다. 이때 배꼽이 등에 닿는다는 느낌이 들도록 다 내뱉는 것이 중요하다.

이런 깊은 호흡으로 뉴스 전 15분 동안 내 몸의 긴장을 풀고, 또 방송에 들어가 뉴스 멘트를 하는 도중에도 그 호흡을 짧은 간격으로 유지하면 되는 것이다.

요가나 단전호흡을 해본 사람들에게는 익숙한 호흡인데 내가 나의 육체를 섬세하게 인식하고 느끼도록 해줌과 동시에 조금 더 연마해 응용력이 생기면 비로소 감정을 스스로 조절하고 제어할 수 있는 수준까지 가능하게 해준다.

2008년 미국 대선
미국의 첫 흑인 대통령이 탄생하는
그 기념비적인 순간을 전하며
감동으로 가슴이 벅차 올랐다.

기자도 물론이거니와 어떠한 직업을 택하더라도 성숙한 사회인의 필수조건 중 하나는 바로 이러한 자기 감정조절 능력이다. 집중이 필요할 때는 일단 몰입하고, 부정한 일에 대한 비판적 메시지나 좋은 일에 대한 신나는 감정을 표현해야 할 때는 제대로 흥분하고, 그리고 쉬어가야 할 타이밍에는 여유로운 모습을 찾을 수 있는 능력. 바로 그 능력이 있어야 타인과의 커뮤니케이션이 이루어질 수 있다.

기자라는 직업은 일의 성격상 변수가 많을 수밖에 없다. 하지만 기자의 본분이자 목적은 단 하나다. 객관적인 잣대로 새로운 사실, 즉 뉴스를 찾아 정보를 수집하고 다양한 사람을 만나 역시 객관적인 분석을 대중에게 널리 알리는 일. 이 과정은 뉴스 마감시간이 있으니 시간과의 싸움이고, 그 원동력으로는 호기심, 정의감, 그리고 담력이 필수조건이다.

그런데 무언가를 빨리 알아내려는 호기심과 의지만으로는 뉴스를 생산할 수 없다. 이때 가장 중요한 윤활유 역할을 하는 것이 순간적 상황대처 능력과 판단력이다. "매일 긴장을 하고, 또 현장에 투입되고 하는 것을 어떻게 견디셨어요?"라는 질문을 자주 받곤 하는데, 그 대답은 아주 간단하다. 계속 하다 보면, 그래서 익숙해지면 무엇이든 저절로 된다.

나는 일단 새로운 정보를 접하고 '감'이 오면 흥분하게 되고 호기심이 슬슬 발동한다. 그리고 모든 레이더를 호기심으로 돌려놓은 후 몰입 상태로 들어가 다양한 각도에서 정보 추적을 시작한다.

만약 홍보가 되기를 원하는 상대나 사안인 경우에는 비교적 쉽게 정보수집이 된다. 하지만 그렇지 않은 경우는 보다 더 용기와 담력이 필요하다. 모든 취재의 과정이 한 사이클로 끝나는 것이 아니기에 적절한 때를 다시 탐색한다. 그때까지는 몰입하지 않도록 적당히 머리를 휴면 상태로 돌려놓고 재충전의 시간을 갖는다. 그리고 또다시 몰입한다. 이런 무수한 호기심, 몰입, 휴면 상태를 반복하는 훈련을 통해 외신기자라는 특수한 직업에 익숙해질 수 있었다.

변수에 대처하는 방법

React with grace

　SK텔레콤 같은 우리나라 기업들의 독특한 신입사원 오리엔테이션 문화를 취재하는 경우에는 그 회사 홍보실에서 적극적으로 도와주어 촬영, 인터뷰 등등 다양하게 수집이 가능하다.
　이런 경우는 몰입해 촬영, 인터뷰, 분석, 편집을 한 템포로 마무리 지을 수 있다. 그렇지만 사안 자체가 복잡하고 긴 시간이 필요한 경우의 취재는 나 스스로 템포 조절에 신경을 써야 한다.

　2000년대 중반 베이징에서의 에피소드다. 중국에 숨어서 자유를 찾아 망명을 원하는 탈북자들에 대한 취재는 일단 중국 정부의 허가 없이 취재활동을 하는 자체가 어렵다.

　인터뷰를 해줄 수 있는 탈북자들을 찾아 설득하는 것도 많은 노력이 필요하며, 공안당국의 눈을 피해 촬영해야 하는 상황 또한 매우 위험하다.

　서울에서 탈북자들을 돕는 어느 목사님의 주선으로 베이징 외곽에 숨어 있는 열댓 명의 탈북자를 섭외하게 되었는데 베이징의 한 호텔 근처에서 먼저 그중 한 청년을 만났다.

　다양한 연령층으로 여성과 아이가 포함된 그들은 매일 밤 이곳 저곳으로 옮겨 다니며 미국 대사관 주변의 경계를 망보고 있었다. 벽을 타고 진입하느냐, 누군가 경비의 관심을 끌고 있을 동안 뛰어 들어가느냐를 놓고 적당한 날을 기다리고 있었고, 만약 실패하면 북으로 이송되어 처형되는 상황이니 모두가 초긴장 상태였다.

　우리는 그들의 망명 과정을 촬영하겠다는 목적을 가지고 취재를 시작했다. 일단 사람들의 눈을 피해 만나야 했는데 하필 카메라맨이 키가 큰 서양인이고, 프로듀서는 필리핀 출신이라 괜히 장비를 들고 호텔로비를 왔다 갔다 하면 호텔 측이 수상히 여겨 신고할까 두려워 이틀 동안을 호텔 방 안에서 꼼짝 않고 있었다.

　그리고 새벽 1시쯤 조용히 호텔을 각자 빠져나와 택시 두 대로 나누어 중국어에 능통한 그 탈북청년과 함께 외곽으로 깜깜한 길을 한참 달렸다. 그러던 중 내가 타고 있던 총알택시가 큰 길을 가로질러 건너던 어떤 남성과 리어카를 친 것이다.

　순간적으로 '쿵' 하는 소리와 함께 리어카는 왼쪽으로 날아가고 그 남성은 몇 미터 앞으로 날아가 3차로 도로 한복판에 쓰러졌다.

순간 머릿속으로 오만 가지 생각이 스쳐 지나갔다. '앰뷸런스 번호가 뭐지?' '저 사람이 목숨을 잃었으면 이 택시기사는 어떻게 되는 거지?' '우리가 왜 이곳에 있느냐고 경찰이 물으면 뭐라 하지?' '취재 중이었음이 탄로 나면 우리는 추방인가 감금인가?' '특종은 물 건너간 것인가?' '만약 앞자리 탈북청년이 함께 잡히면 우리 모두 나머지가 어디 있는지 말하라고 고문당하나?' 등등….

그때 차 문을 열려는 순간 그 탈북청년은 그냥 출발하라고 소리를 치고 택시기사는 중국어로 욕을 내뱉더니 덜덜 떨리는 손으로 운전대를 꽉 잡고 냅다 페달을 밟는 것이었다.

당장 차를 세우라는 나에게 그 청년은 통사정을 하며 만약 잡히면 본인은 물론이고 같이 수개월을 도망 다니고 있는 동포들이 모두 죽는다며 제발 살려 달라며 그냥 가자고 했다.

순간 나는 가는 쪽을 택했다. 지금도 몇 번이고 다시 생각해 보지만 그 순간의 선택에 후회는 없다. 사람의 목숨을 숫자로 비교할 수는 없으나 옳고 그름을 떠나 너무 많은 동포와 아이들의 생사가 걸린 사안이었기 때문이다.

우리 팀은 며칠간의 조사와 추방으로 끝났겠지만 그들은 산속의 나무껍질과 훔친 음식으로 연명하며 공안당국의 추적을 피해 달아나다 부모 자식 형제를 잃고도 자유에 대한 실낱같은 희망으로 여기까지 왔는데 내 정의감으로 인해 그들을 희생시킬 수는 없다고 생각했다.

결국 그날 우리는 은신처인 공사장 트레일러 안에서 인터뷰 촬영을 잘 마치고 며칠 더 다른 곳에서 만나 그들 각자의 이야기를 카메라에 담았다. 그날 충격이 컸던지 호텔 방에서 그 후 며칠을 악몽을 꾸며 가위에 눌린 기억이 아직도 뚜렷이 남아 있다.

룸서비스가 방문을 노크할 때마다 혹시 공안경찰인가 해서 가슴이 철렁 내려앉았고 사고를 당한 그 남성이 어떻게 되었을까 걱정되어 읽지도 못하는 중국신문을 뒤져보다 잠들곤 했다.

수일 후 그 탈북자들은 D-day에 예정되었던 미국대사관 진입을 포기하고 대신 에콰도르 대사관 담을 넘다 인민무장경찰의 곤봉 등에 맞고 피를 흘리며 전원 체포되었다.

우리 카메라 기자는 사전에 대사관 건물 고층에 잠입해 있다 이 모든 모습을 촬영했고, 경찰이 들이닥치자 재빨리 건물 내 현지직원에게 부탁해 밖에서 대기 중이던 나에게 무전기로 알려주어 테이프를 전달해 주었다.

지금도 마찬가지지만 당시 중국은 외국 언론의 보도에 매우 민감해 심한 통제를 하던 시기였다. 중국 영내에서 중국 정부의 이미지에 타격이 되는 영상을 송출하는 것은 불가능에 가까웠기에 즉시 공항으로 달려가 제일 빨리 출국하는 방콕행 비행기 표를 사서 이민국을 빠져나왔다.

본사에 전화를 넣었더니 우리 카메라 기자도 끌려가 조사받는 중이며 같은 호텔에 숙박해 있던 내 기록을 이미 찾았으니 조심하라는 것이었다. 순간 공항 안이 술렁이기 시작했다. 저 멀리서 경찰들이 대거 뛰어 들어와 관계자들에게 이것저것 물어보는 모습이 보였다.

조심조심 탑승구를 향해 걸어가 타이항공 직원에게 배가 아프니 먼저 탑승시켜 달라고 부탁하니 흔쾌히 태워주었다. 자리에 앉아 기도밖에는 방법이 없었다.

'제발 저들의 이 딱한 사정을 전 세계에 알릴 수 있도록 도와주세요!' 라고. 비행기가 서서히 움직이는 것을 감지하고 심호흡을 크게 두어 번 하다 눈을 감았다.

흔히 어른들이 '중심을 잃지 마라' 라는 말씀을 하신다. 흥분, 몰입, 여유의 사이클을 즐기려면 바로 그 중심이 튼튼하게 자리 잡고 있어야 하는 것이다.

지금도 당시 일을 생각하면 가슴이 두근거린다. 하지만 그때 내가 대처할 수 있었던 이유는 운도 좋았겠지만, 내 중심을 바로잡고 닥친 일에 침착히 대응해 나갈 수 있었기 때문이 아닌가 생각한다. 우리가 살면서 닥치는 일도 모두 이런 것이 아닐까.

일이 닥쳐 흥분해도 그 중심의 테두리 안에서 조절해야 하고, 몰입해도 그 중심을 잃지 않는 선에서 자제해야 한다. 그리고 일이 잘 풀릴 때 쉽게 방심해서는 안 된다. 마음의 중심을 확장한 상태에서 여유를 즐길 수 있어야 하는 것이다. 이런 마음의 사이클을 잘 조절하다 보면 아무리 큰 위험이나 긴장의 순간이 찾아와도 현명하게 대처할 수 있는 능력이 나도 모르게 차곡차곡 쌓여가고 있을 것이다.

두려움은 집에 버리고 오라

Leave your fear at home

흔히들 서양사람, 특히 미국인들은 감정표현이 자유롭다고 한다. 미국인들은 본인의 감정을 솔직하게 표현하고 상대방의 그러한 표현을 일단 존중하는 것을 - 아무리 말도 안 되는 생각이라 할지언정 - 미덕으로 삼고 어릴 때부터 그러한 대인교육을 철저히 시킨다.

내 경우는 한국과 미국에서 교육받고 생활했지만 엄한 어머니의 가정교육 때문에 미국 대학 생활 5년 동안 이러한 문화적 차이를 극복하는 데 많은 노력을 기울일 수밖에 없었다.

일단 어머니께서는 여자는 목소리도 사근사근해야 한다, 참는

자에게 복이 있다, 싫어도 티 내지 말고 좋아도 미소만 지어라 등 등 지금 생각해 보면 옛 시절 양반집 규수의 덕목만을 강조하셨던 것 같다.

한국에서의 80년대 중고등학교 시절에도 선생님께서 수업시간에 말씀하신 부분에 토를 달거나 반문하면 괜스레 '찍혀서' 나중에 벌을 서거나, 동료학생들로부터 '너무 튄다'는 눈초리를 받곤 했다.

그러다 1988년 미국 조지타운 대학교(Georgetown University)로 유학을 갔다. 그런데 택한 전공이 국제정치학이라 수업 대부분이 토론식으로 진행되는 것이었다.

과목마다 매주 거의 책 한 권씩을 읽어야 했고, 교수님 강의는 수업시간의 3분의 1도 채 안 되고 나머지 시간은 모두 학생들끼리 의견을 주고받는 형식이었다. 그리고 첫 학기에 굴욕적인 성적을 받은 후의 충격을 지금도 잊을 수가 없다. 문제는 언어 실력이라기보단 발표력에 있었다.

무언가 한마디 하겠다 마음먹고 두근거리는 심장을 가라앉히며 손을 들려 하면 다른 학생이 같은 내용을 이미 말해버려 슬그머니 손을 다시 내리곤 했다.

또 열심히 경청하다 보면 '저 친구는 뭐 저런 걸 질문이라고 하나' 싶을 정도로 뻔하거나 황당한 이야기를 하는데 '아, 다른 학생들도 내 질문을 바보 같다고 생각하면 어쩌지?' 하는 자격지심에 또 시간이 지나가 버리니 결국 꿀 먹은 벙어리마냥 앉아 있다 나오기 일쑤였다.

다음 수업으로 향하면서 스스로를 자책하고 이번 수업에는 떨지 말고 그냥 말해 버리자 결심도 하고 혼자 중얼거리며 질문을 미리 연습하곤 했다.

그러다 선배의 조언을 듣고 교수님들을 찾아다니기 시작했다. 나는 한국에서 온 유학생이고 영어가 완벽하지 않으며 읽는 숙제는 밤을 새워서라도 하지만 수업시간에 말하는 게 굉장히 고역이니 그것을 감안해 발표 부분의 성적 반영에 혜택을 달라고 설명한 것이다.

그중 지금은 작고하신 존 피니(John W. Finney) 교수님의 첫마디가 아직도 잊히지 않는다. "You sure don't seem to have a problem expressing yourself right now?" 즉, "네가 지금 말하는 걸 보니 표현하는 데 전혀 문제가 없는데?"라는 답변이었다.

그분은 내게 모든 건 훈련이고 노력에 따른 것이겠지만 대중 앞에서 말하는 것을 힘들어하는 경향 때문일 거라며 일단 첫 단계로 마음과 머릿속의 두려움을 집에 버려두고 나오라 하셨다.

속으로 '말이야 쉽지' 하고 다음 수업에 들어갔는데 피니 교수님의 스파르타 훈련이 시작되는 것이었다. 유독 나를 지목해 질문을 하시고, 또 잠시 두근거리는 마음을 진정시킬라치면 다른 학생의 코멘트나 질문에 바로 이어 '주희 너는 어떻게 생각하니?'라며 쉴 새 없이 나를 괴롭히는(?) 것이었다.

간혹 말문이 막히면 '다음 시간에 너의 생각을 우리와 나누도록 하자'라며 넘어가시고 다음 수업을 시작하자마자 그걸 기억하고 철저하게 묻는, 당시에는 나에게 잔인한(!) 교수님이셨다.

한 가지 나에게 힘이 되는 것은 언제나 내 의견과 질문이 끝나면 '아, 그거 참 좋은 질문이다' 혹은 '아, 그런 견해로도 볼 수 있겠구나'라며 대화를 이끌어가며 칭찬을 해주셨다. 물론 유독 나에게 그런 코멘트를 해주셨던 의도는 내게 용기를 주시기 위함이었겠지만 말이다.

놀라운 것은 수개월이 지나고 학기말쯤 되니 어느 순간 내가 먼저 알아서 손을 번쩍 들고 의견을 말하고 다른 수업에도 적극 참여하는 나를 발견한 것이다. 다른 미국 학생들처럼 용어선택이 유식하건 말건, 그들이 고등학교 때 이미 배운 건데 내가 너무 당연한 질문을 하는 게 아닐까 하는 자격지심이 문득문득 방해를 하건 말건, 모든 초조함을 뒤로한 채 일단 말을 하고 보는, 점점 궁금한 것은 참지 못하는 학생으로 어느덧 변화된 것이었다.

학기말 시험을 치르고 찾아간 나에게 교수님께서 말씀하셨다. 'Nothing beats respectful honesty'라고. 상대방을 존중하는 선에서 너의 생각을 항상 솔직하고 주저 없이 표현하라는 뜻이다. 그분의 배려 깊고 따뜻한 훈련은 졸업 후 사회생활에서 내게 주옥같은 재산이 되었다.

어떤 경우에도 솔직함이 최선이다

Nothing beats respectful honesty

미국의 메이저 방송국은 사내 문화 자체가 굉장히 경쟁적이다. 한국처럼 매년 입사 시험제도가 있어 채용하는 것이 아니라 케이블 방송국이나 지역 방송국에서 충분히 경험을 쌓고 난 후에 스카우트되거나, 혹은 지원 후 몇 번의 면접을 통과해야 들어오는 제도다.

그래서 일단 뽑힌 직원들은 엄청난 경쟁을 뚫고 입성하게 된다. 그런데 그렇다고 그 자리가 한국의 방송사들처럼 오래 보장되는 것도 아니다. 능력이 없으면 즉시 해고당하기 일쑤고, 능력이 뛰어나면 경쟁사로 스카우트되어 가고, 또 이직을 '배신'으로 받아들이는 조직문화도 별로 없다.

그렇기 때문에 내가 조직에서 역량을 발휘하는 것도 중요하지만, 나 스스로가 증명해 보인 능력을 조직이 알아주고 인정하는가도 항시 체크해야 한다. 만약 부당한 경우를 당하든가 내 능력을 인정받지 못하고 있다면 당연히 문제제기를 해야 하고, 안 하면 오히려 능력 없는 자로 무시당하게 되니 말이다.

그런데 상명하복 문화가 뿌리 깊은 한국사회에서 교육받은 나는 손을 번쩍 들고 윗사람에게 '그건 내 공(功)이에요!'라고 외치는 것은 왠지 공치사하는 것 같아 익숙해지기가 만만치 않았다.

90년대 첫 직장인 Asia Business News(현 CNBC)에서의 일이다. 책임 프로듀서(Producer), 팀장 프로듀서(Associate Producer), 보조 프로듀서(Assistant Producer) 그리고 뉴스보조(News Assistant)로 짜인 네 명의 조직이 30분 분량의 저녁뉴스 프로그램을 만들도록 되어 있었다.

나와 함께 뉴스보조로 시작한 동료가 있었는데 그녀는 다른 팀에서 1년 반 만에 팀장 프로듀서로 승진했고, 내가 보조 프로듀서로 있던 우리 팀에 들어왔다.

일을 같이 시작했기에 나보다 빠른 승진이 샘도 났지만, 같이 일해 보니 그녀는 실제 궂은일은 전혀 안 하고 책임 프로듀서 및 조정실 감독과 데스크 전체를 관리하는 임원들과의 커뮤니케이션에 열중하는 스타일이었던 것이다.

가령, 어려운 인터뷰 섭외를 따냈다던가, 긴급보도(breaking news)를 경쟁사보다 더 빨리 방송했다면 그 작업은 나 혹은 책임 프로듀서가 해냈는데도 본인이 제일 먼저 사내 이메일로 윗사람에게 알리는 것이었다.

이런 일이 여러 번 반복되다 보니 사내에서는 마치 그녀가 능력 있는 사람으로 이미지가 만들어지고 나머지 팀원들은 묻히는 경향을 보여 수일간 고민하게 되었다.

그녀가 이미 우리 팀의 좋은 소식을 다 알렸는데 뒤늦게 같은 말을 전하기도 궁색하고, 사실은 그녀는 한 일이 없고 우리가 했다고 말하기도 유치해서 가만히 있었는데, 생각해 보니 그렇다고 어느 누가 진실을 알아줄 것도 아니라는 결론을 냈다.

그러던 중 1년에 두 번 임원들과의 일대일 면담 기회가 있었을 때 상관에게 조심스레 이야기를 꺼냈다. 고자질 같기도 해서 성격상 힘들었지만 용기를 내어 그에게 나의 고민은 같이 일하는 그녀가 우리 팀의 모든 신망(credit)을 다 차지하는 것이라고 말해 버렸다.

그런데 그의 대답은 예상외였다. 그것도 그녀의 능력이니 나도 노력하고, 그녀를 직접 대면해 그런 일은 없었으면 좋겠다고 말하라는 것이었다. 얼마나 지당한 충고였던지 그 순간 얼굴이 화끈거리고 창피해 나머지 상담은 어떻게 끝냈는지 기억도 안 난다.

그의 말이 옳았다. 내가 소심했던 것이었다. 원래 타인과의 충돌을 좋아하지 않고 걸어오는 태클을 피하지도 않지만 걸지도 않는 내 성격 탓이었다는 것을 깨닫게 된 것이다.

그 후 그녀를 만나 충고했고, 별 나아지는 기색이 안 보여 경고까지 했고, 나머지 팀원을 다 모아놓고 그녀의 이런 점이 불만이니 앞으로는 우리 팀의 성과는 책임 프로듀서가 그때그때 해낸 사람의 이름을 간혹 언급해 사내에 알리도록 하자고 제안한 후에야 그녀는 잠잠해졌다.

첫 직장생활에서 터득한 가장 큰 부분 중 하나는 역시 사회생활을 성공적으로 하려면 어떠한 경우에도 솔직한 것이 좋다는 것이다. 마음속으로 꿍하니 담아두다 엉뚱한 방향으로 내 속내가 표출되는 것만큼 유치하고 아마추어적인 것은 없다.

단, 시인 윌리엄 블레이크의 말대로 '악의로 말해진 진실은 그대가 꾸며낼 수 있는 최고의 거짓이다(A truth that's told with bad intent beats all the lies you can invent.)'라는 것을 기억하자.

싱가포르 직장의 그녀는 바로 이런 경우였던 것 같다. 또한 솔직하더라도 '상대방을 존중하는 선'에서 적당히 절제하는 전략적 커뮤니케이션 방법을 터득해야 한다. 내가 만약 감정적으로 단번에 그녀에게 내 생각을 내뱉었더라면 아마도 그녀는 반발하지 않았을까 싶다.

처음에는 충고, 그 다음에는 조금 더 강한 강도의 경고, 그리고 그 다음에는 그녀를 포함한 모든 팀원이 모인 자리에서 그녀를 깎아내리지 않는 선에서 다수의 동의를 얻어냈기에 이겨낼 수 있었던 해프닝이 아니었나 싶다.

준비에 지나침은 없다

See the big picture

예전부터 좋아하는 영문 명언이 있다. "Failures are divided into two classes – those who thought and never did, and those did and never thought." 미국 작가 존 찰스 살락(John Charles Salak)의 여러 번 읽게끔 하는 문구다. 실패하는 자들은 두 부류인데 하나는 생각은 했으나 실행에 옮기지 않는 부류이고, 또 하나는 일단 행동으로 옮겨놓고는 생각하지 않는 부류라는 뜻이다. 이런 경우들을 피하려면 해법은 단 하나, 충분히 욕망하고 준비하는 것이다.

앞서 말했듯이 일단 내가 무엇을 욕망하는지 확실히 자각하는 것이 중요하고, 목표를 향한 마음가짐과 자세에 대한 철학을 구축하고 나면, 차근차근 힘을 길러야 한다. 전쟁에 나가야 하는 군대가 훈련하고 창고에 각종 무기를 차곡차곡 쌓아놓듯이, 금메달을 향해 훈련하는 선수가 근육 하나하나 만들어 가듯이, 혹은 외교관을 꿈꾸는 학생이 언어공부와 신문정독을 통해 하루하루 국제 감각을 익히듯이 모든 욕망하는 목표에는 그만한 준비와 희생이 필요하다.

매우 당연한 말이기는 하나 이 책에서 특히 강조하고 싶은 것은 어떠한 준비도 많을수록 좋고 아무리 철저히 준비해도 지나친 준비란 없다는 사실이다.

기자가 되고 처음으로 누군가를 내가 직접 인터뷰하러 가는 날의 설렘. 사회생활을 해본 독자들은 아마도 직장 취직 후 처음으로 큰일을 맡았을 때의 두근거림을 기억할 것이다.

어느 외국계 증권회사의 리서치 담당 임원을 찾아가기로 되어 있었는데 주제는 당시 아시아 경제의 전망에 관한 것이었다. 며칠 전부터 경제신문과 경제서적까지 다 뒤져보고 예상 질문을 뽑아 노트에 적어놓고 그 임원에 대한 신상파악까지 한 뒤 '이 정도면 충분하겠지' 하는 마음으로 그의 사무실로 찾아갔다.

첫 질문을 멋스럽게 던져놓고 그의 대답을 기다리는데 긴장해서일까, 그의 대답에 집중할 수 없었다. 다음 질문을 해야 했기에 내내 머릿속으로 두 번째 질문을 되뇌고 있었던 것이다. 그런 식으로 서너 번 질문하고 나니, 느닷없이 그가 '아까 답변했는데요' 라며 짜증 섞인 목소리로 내뱉는데 어찌나 민망하던지 얼굴이 새빨갛게 달아올랐던 기억이 있다.

나는 그저 일방적으로 내가 던질 질문만 열심히 준비했지, 정작 인터뷰 기술에 대해서는 준비훈련도 하지 않은 것이었다.

학창 시절에는 배우는 과목의 정해진 범위 내에서만 준비를 잘하면 시험을 치르는 데 완벽할 수 있지만, 인생을 길게 보고 사회를 경험하다 보면 준비라는 것은 끝이 없다.

여러 나라의 언어를 익히는 것, 다양한 분야의 상식을 외우는 것, 요리나 그림 등 취미생활을 적극적으로 하는 것, 다양한 곳으로의 여행을 통해 안목을 넓히는 것, 여러 종류의 운동을 배워두는 것, 좋은 사람들을 사귀는 것 등등 이 모두가 꽉 찬 인생을 맛보기 위해 평소에 준비할 수 있는 요소들이다.

목표가 있다면 흔히 알려진 모범적 방법 외에도 스스로 준비할 수 있는 부분이 많은 것 같다. 나의 경우는 중고등학교 시절에 유학 떠날 것을 대비해 그 당시 유일한 영어방송인 AFKN을 열정적으로 시청했다.

그때 스스로에게 약속한 의식(儀式)이 있는데 TV에서나 영문 소설책에서 잘 모르는 단어는 미루지 않고 꼭 사전을 찾아보는 것이었다. 그리고 그 단어를 이렇게도 발음해 보고 저렇게도 발음해 보고 만족할 때까지 중얼거리는 것이다. 그리고 몇 시간 후 다시

나의 기특한 장학생들.
각자 자신의 꿈을 이야기하며 눈을 빛내는 아이들의
그 초롱초롱한 눈망울이 기억에 선하다.

큰 소리로 발음해 보고 나서 뜻이 기억나지 않으면 또 찾아보곤 했다. 이 버릇은 지금도 남아있는데 요즘은 핸드폰에 사전 애플리케이션이 들어 있어 동의어도 찾아볼 수 있으니 여간 편리한 것이 아니다.

미국 유학 시절에는 외국 친구 사귀기에 열중했다. 사실 주말이면 한인학생들과 어울려 한인식당에도 가고 비디오도 빌려 보고 싶었지만, 졸업 후 정치인이 되든 기자가 되든 글로벌한 인맥이 중요하다는 생각에 주말 중 딱 하루만 향수를 달래는 즐거움을 만끽하고 나머지는 미국 친구들이 초대하는 파티에도 가고 (사실 미국 스타일 파티는 고역이었다. 술을 원래 즐기지도 않는 데다 귀가 찢어지도록 쩡쩡 울려대는 음악소리 속에서 별 의미 없는 미국식 파티 대화는 전혀 내 스타일과는 거리가 멀었다) 그들의 고향집으로 함께 여행하면서 지냈던 기억이 있다.

골프도 이때 배웠다. 당시 골프는 사치스러운 운동이었기에 한국에서는 배우기 힘들었으나 사교를 위해서는 꼭 배워두어야 한다고 생각했고, 또 당시 골프 붐이 한창이던 일본에서 유학 온 학생들과도 친하게 지낼 수 있는 매개체였기 때문이었다.

경제뉴스 조직에 있을 때는 인터넷 주식 트레이딩 시스템이 처음 개발되어 한창 관심을 받던 시기여서 한국에 계좌를 열고 직접 해보기도 했고, 북한 탈북자들과 친분을 쌓아야 인터뷰 따내는 데 수월할 것 같아 그들과의 만남 수일 전부터 북한에서만 쓰이는 단어들을 며칠 동안 밤새 달달 외워 간 적도 있다.

어떠한 일이라도 완벽하기 위해 해야 할 작업들이 정답처럼 정해진 것은 없다. 또한 노력한다고 모두 성공한다는 보장도 없다. 그러나 일단 욕망하는 목표를 정하는 것이 중요하고, 정해졌다면 주어진 시간 내에 가장 효과적으로 해낼 수 있는 준비작업들의 우선순위를 매겨야 한다. 그리고 주저 없이 실행에 옮기되 스스로를 끊임없이 확인하고 채찍질해야 한다.

인생은 우리의 생각보다 훨씬 길기에 늘 준비하는 사람에게는 인생이 결코 지루하거나 힘들지 않을 것이다. 바로 그 준비과정 속에서 스스로 성장하는 것이고, 지나온 발자취를 뒤돌아보았을 때 한 단계 올라와 있는 자신을 발견하는 쾌감을 누리는 것. 그것 또한 인생의 묘미가 아닐까?

지금 이 순간 나는 무언가를 준비하고 있는 사람인가를 되새겨보자. 성공한 사람 중에는 노력하지 않은 사람이 없다고 했다. 아무리 운이 좋은 사람도 준비되지 않은 천운은 없다. 우리에게 완벽한 준비는 있을 수 없고, 무엇이든 간에 준비함에 지나침은 없기에.

맞서라, 기회를 놓치고 싶지 않다면

Do not give in when somebody crosses the line

외신기자로서 일의 대부분은 사람을 만나는 것이다. 내신기자들처럼 큰 조직에 속해 있는 것도 아니고 최소한의 인원으로 국제적인 뉴스 가치가 있는 이슈들만 다루기 때문에 주어진 시간 내에 가능한 한 많은 사람을 만나고, 친분을 쌓고, 정보를 얻는 것이 이 일의 지름길이다.

이제 한국 관련 뉴스를 취재하기 시작한 지 25년이 되어 가는데 가장 힘들었던 부분은 '차별'이었다. 일단 20, 30대에는 '결혼했어요?'라는 질문이 가장 듣기 싫었다.

사적인 성격의 자리도 아닌 데다 만난 지 몇 분 되지도 않은 상대방이 대뜸 그런 질문을 던질 때는 뭐라 대답해야 하나 상당히 난감했는데 그 이유는 20대 초반에 이혼했기 때문이다. 눈에 넣어도 아프지 않을 만큼 사랑하는 아들도 있는데 '아니요'라고 대답하면 거짓말이기도 하지만 금쪽같은 내 아들의 존재를 부정하는 것이기 때문에 그렇게 대답하기 싫었다.

그렇다고 '네'라고 대답할 수도 없는 상황이라 얼버무리는 것도 성격상 맞지 않았기 때문에 몇 번의 민망함을 겪고 나서부터는 '이혼했어요'라고 응답하기 시작했다.

대부분의 사람들은 그렇게 답하면 오히려 본인이 더 민망해 하니, 이래저래 그런 질문은 애당초 내게는 불편할 수밖에 없었다.

또 하나의 차별은 '동안'이라서 겪은 웃지 못할 에피소드가 많았다. 요즘은 동안이 대세이니 오히려 '배부른 투정'이라고 눈을 흘기실 분들도 있겠지만, 외신기자로서 일의 성격상 접하는 상대들은 대부분 정치인, 기업인 또는 학계에 종사하는 40대 이상 남성이 대부분이라 너무 어려 보이는 것은 전혀 도움이 되지 않는다.

특히 한국에서는 누군가를 만나면 '나이가 어떻게 됩니까?'라는 질문을 많이 받는데, 이 사회에서 나이는 관계설정에 중요한 자리잡기(positioning) 요소인 것 같다.

일단 학번을 따지고 학벌을 따져 선후배를 가르고 그 다음부터는 그 차이가 언어와 행동에 영향을 주기 때문이다. 대개 인터뷰 섭외는 먼저 전화로 하는데 때로는 인턴기자들이 대신해 준다. 그리고 인터뷰 장소에 나타나면 많은 분이 워싱턴포스트 또는 ABC News라는 회사이름과 직책만 듣고 중년의 남성 혹은 최소한 '기자스러운' 씩씩한 여자를 상상했다며 나를 의아해 한다.

좀 보수적인 분들은 같은 자리에 있는 남성 동료들과는 악수로 인사하고 내 차례가 되면 가볍게 눈인사로 넘어가는 경우도 있었다. 그룹으로 기자간담회가 있는 경우 아예 '나이 들고 위엄 있어 보이는' 남성 동료를 향해 틀어 앉아 내 눈조차 마주치지 않으려는, '이상한' 정치인도 있었다.

그러나 가장 힘들고 화가 나고 뼈저리게 느낀 차별은 한국인이라서 받게 되는 '역차별'이었다.

로이터(Reuters)나 AP 같은 통신사를 제외한 대부분의 미국과 유럽의 주요 외신매체들은 한국에 풀타임(full-time) 정직원을 두지 않는다. 연락사무소만 유지하는 회사, 카메라 기자들만 고용한 회사, 코디네이터(coordinator)만 계약직으로 유지하는 회사, 혹은 프리랜서(freelance) 기자를 둔다.

한국에서 활동하는 외신기자들은 각각 모회사와의 계약 성격은 다르지만 역동적이고 사건 많은 한반도에서 일어나는 뉴스를 속도감 있게 타전하고 있고, 프로의식으로 똘똘 뭉친 유능한 인재들로 구성되어 있다.

대다수는 한국인과 일본인이고 소수의 중국인과 영어권 혹은 불어권 출신 서양인들이 있다. 그런데 재미있는 현상은 국내 매체들이 '외신보도에 따르면…' 하는 종류의 방송기사를 내보낼 때는 꼭 그 몇 명 안 되는 서양인을 비춘다는 것이다. 심지어 소속사 없이 프리랜서로 가끔 일하는 어느 서양인을 인터뷰까지 하면서 '외신의 목소리'라고 보도하는 경우도 종종 있다.

이렇다 보니 일반인들은 '외신기자' 하면 떠오르는 이미지가 서양남자일 수밖에 없다. 그나마 수년간 CNN에서 한국 관련 뉴스를 타전하던 손지애 전 지국장님을 내신들이 많이 소개했기 때문에 그런 이미지가 조금이나마 상쇄되었지만 말이다.

사실 한국처럼 외국인이 취재하기 힘든 국가에서는 양국 언어가 모두 유창하고 현지 역사, 문화, 사회에 능통해야 하기 때문에 대부분의 외국매체는 현지화 정책(localization)을 받아들인 지 오래다. 본사에서 간혹 특집기사 취재를 위해 방문하는 기자들도 언제나 현지 사정에 익숙한 기자와 합동취재를 하거나 코디네이터를 고용한다.

수년 전 어느 여름이었다. 그때 미국의 일간지 워싱턴포스트 서울특파원으로 활동하고 있었는데 모 야당 총재를 인터뷰하러 갔다. 아시아 총지국장인 동료 미국인 남성기자와 여의도 당사에 약속시간보다 약간 늦게 택시를 타고 도착했는데 빌딩 앞에는 사무관으로 보이는 남성 한 분이 안절부절못하며 기다리고 있었다. 그 사무관은 같이 간 동료기자에게 두 손으로 정중히 악수를 청하고 명함을 주고 영어로 본인 소개를 한 뒤 빌딩 안으로 안내했다.

그는 나를 아래위로 한번 슬쩍 훑어본 뒤 엘리베이터에 탈 때까지 그 외국인 기자에게만 열심히 본인의 영어능력을 시험하듯 이런저런 대화를 하더니, 갑자기 위엄 있어 보이려는 목소리로 나에게 던진 첫 마디가 "미스 조 맞죠? 왜 이렇게 늦었어? 총재님이 기다리시는데"였다.

많아야 한두 살쯤 더 있어 보이는 그 사무관의 반말과 '미스 조'라는 호칭에 순간 부아가 치밀어 올랐지만 일단은 어렵게 만든 인터뷰 자리를 망치기 싫어 꾹 참을 수밖에 없었다.

나에 대한 실례보다 더 화가 나는 것은 유치하리만큼 동료 외국인 기자에게 굽실거리는 그 사무관과 사무실 보좌관들이었다. 어차피 보수성으로 인해 시대의 민주화 흐름을 따라가지 못하는 그 정당의 떨어지는 지지도에 관한 부정적인 기사를 기획하고 갔기 때문에 취재의 일부로 생각하고 참았지만 말이다.

예상대로 사무실 분위기는 마치 군대 같았다. 모든 이가 경직된 자세로 총재의 '입장'을 일렬로 서서 맞이하더니 인터뷰 자리에도 여러 '비서진'이 합석해 모두가 일률적으로 수첩을 꺼내 총재가 발언만 하면 일제히 필기하는 것이었다.

그 모습이 우스웠던지 같이 간 동료기자가 도중에 던진 한마디, "한국은 전자산업이 발달한 나라인데, 삼성전자 녹음기 없나요?"였다.

그로부터 몇 년 후, 우리는 당시 대통령 취임 후 처음으로 하는 외신과의 인터뷰를 따냈다. 특별히 그 인터뷰를 위해 본사 사장인

도널드 그레이엄(Donald Graham)이 입국해 아시아지국장과 나, 이렇게 셋이 며칠 전부터 브레인스토밍(brainstorming) 세션을 가졌다.

사장에게 한국의 정치상황에 대해 브리핑하고 예상 질문과 응답하기 꺼려 할 것 같은 부분들도 미리 체크하며 전략을 짰다. 그런데 전날 밤, 청와대에서는 나를 빼고 사장과 아시아지국장만 들어오라는 통보를 해온 것이다.

이유는 없었다. 아시아지국장은 그들에게 '조주희 기자는 한국시장에서 우리 신문을 대표하기 때문에 합석해야 한다'고 주장했고 홍보수석실과 당일 오전까지 실랑이를 벌이다 결국 가는 것으로 합의한 후 청와대로 갔다.

인터뷰 장소로 들어갔는데 큰 방에 둥근 테이블과 여섯 개 정도 되는 의자가 있었고 양쪽 벽에도 의자들이 나란히 붙어 있는 구조였다. 의전비서관쯤으로 보이는 남성이 대통령이 앉을 의자 옆에 사장과 아시아지국장을 안내하더니 나에게는 벽 쪽으로 가서 앉으라는 것이었다.

"미안합니다만 우리는 공동취재로 왔습니다. 저도 질문자입니다"라고 대답했다. 그의 반응이 더 가관이었다. 눈을 부라리더니 "쓰읍~"하면서 마치 나를 혼내듯 숨을 들이켜는 것이었다.

그 모습을 보고 아시아지국장이 순간 흥분을 했는지 그에게 다가가 "방금 우리 기자에게 뭐라 했습니까?"를 여러 번 공격적으로 되물었다. 방 안에 있던 비서진, 수석들, 청와대 소속기자들까지 모두 긴장한 순간이었다.

당황한 모 수석이 수습한답시고 방 저편에서 둘째 손가락으로 벽 쪽 의자를 가리키며 한국말로 "조 기자, 저쪽으로 앉으라 하지 않습니까!" 그러는 것이었다.

나는 고개를 빳빳이 들고 모두가 다 들으라고 큰 소리로 못 앉겠다고 대답했다. 내 자리는 이쪽 라운드 테이블에 있어야 한다고 자신만만하게 또박또박 말하고 나서 사장과 아시아지국장에게 영어로 상황설명을 했다. 그러자 사장은 정중히 홍보담당에게 다가가 설명했다. "그녀는 우리의 동료이고 우리와 함께 앉아 동등하게 인터뷰를 해야 한다. 안 된다고 하면 이 인터뷰를 우리는 안 하겠다"고.

밖에서는 "대통령님 오십니다!"라며 누군가가 알리는 긴박한 순간이었다. 결국 어느 직원이 신속하게 의자를 라운드 테이블에 밀어 넣고 나에게 앉으라 청하면서 상황은 종료되었고 인터뷰도 아주 성과 있게 끝낼 수 있었다.

밖에서 차를 기다리는데 머리가 멍했다. 화도 나고 수치스럽기도 하지만 내가 너무 큰 사고를 친 게 아닌가 그제야 걱정도 되기 시작했다. 그런데 사장이 내 어깨를 두드리며 이렇게 말했다. "I have never been more than proud of a Post reporter… Never give in because you are a woman… You did the right thing."

그러니까 요지는 "너는 차별에 대해 정당하고 용기 있게 맞섰다. 이런 압력이 있는 상황에서도 워싱턴포스트의 기자로서 당당하게 대응했기에 이토록 자랑스러울 수가 없다"란 것이었다. 나에게는 평생 잊지 못할 칭찬이었다.

굴욕적이거나 위기 상황에 맞설 수 있다면 당당히 맞서는 용기와 기지를 발휘할 수 있어야 한다. 간혹 피하는 것이 상책인지 아닌지를 슬기롭게 판단해야 하는 순간도 있지만 응당 내가 지켜야 하는 권리까지 위협받는 경우에 맞닥뜨리면 그때는 정말 맞설 수 있어야 하는 것이다.

어떤 기회도 소중히 여겨라

Grab it when you can

 아라비안 속담에 이런 말이 있다. '다시 돌아오지 않는 네 가지가 있는데, 그것은 바로 뱉어버린 말과 쏘아버린 화살과, 지나간 인생, 그리고 지나쳐버린 기회다.'
 인생을 한 지점에서 저 끝의 지점까지 가는 여정이라고 보자. 어떤 이에게는 그 길이 8차로 고속도로에서 포르셰를 타고 달리는 것처럼 평탄할 수 있겠고, 또 다른 이에게는 아무리 열심히 달려보고 싶어도 속도를 낼 수 없는 구불구불 비탈길로 느껴질 수도 있다.
 중요한 것은 내게 주어진 환경과 여건은 계속 진화하고 바뀐다는 사실이다. 그 과정 속에서 수도 없는 기회의 순간이 스스로에게 알게 모르게 다가온다. 여기서 중요한 것은 '다가오는 기회들을 알아차리는 능력과 센스'다.

미국식 대화 속에서 자주 쓰이는 말인데 이 표현을 참 좋아한다. "You won't know unless you try." 해보지 않고서는 알 수 없을 것이란 뜻이다. 어렸을 때 '하기 싫다, 난 못한다'라고 떼를 쓰면 어머니는 '하기 싫어도 해!'라며 그 당시 한국 부모님들처럼 명령하는 스타일이었는데 같은 반 미국 아이들 부모들은 'try!'를 몇 번이나 되풀이하며 설득하는 스타일이라 그것이 참 부러웠던 기억이 있다.

그렇다. 뭐든 해보아야 알 수 있듯이 일단 'what if…' 만약에… 라는 생각이 드는 일이 있다면 무조건 해보는 거다. 모처럼 다가온 기회는 항상 새로운 것에 열린 마음자세를 가져야 내 것으로 만들 수 있다. 한 가지라도 더 해보고 더 느끼고 더 경험한다면 머릿속으로 상상하고 지나쳐버리는 인생보다는 훨씬 낫지 않은가.

이렇듯 어떠한 기회가 주어졌을 때 용기를 내어 잡느냐 마느냐의 문제에 대한 해법은 간단한데, 문제는 '선택'해야 하는 상황이 오면 매우 고민스럽다는 것이다.

양자택일이든 다자택일이든 간에 그 선택의 결과에 따라 내가 가는 길이 고속도로로 이어질 수도 있고, 시골길로 이어질 수도 있기 때문이다. 이런 때는 모든 카드를 다 펼쳐놓고 분석해 신속

ABC 뉴스의 한인 앵커인 주주장은
나에게 많은 모티브를 제공해 준다.
그녀의 인터뷰 기술과
커뮤니케이션 능력은 인상적인 것을 뛰어넘어
감동적이기까지 하다.

히 결단을 내릴 수 있는 현명함과 용기가 필요하다.

1994년 12월 미국에서 대학원 석사과정을 마칠 즈음, 애틀랜타에 본사가 있는 CNN에서 7월부터 일을 시작하게끔 되어 있었다. 어렵게 따낸 자리였고 조지타운 외교학 석사 졸업생 중 유일하게 언론계통으로 첫 직장을 잡은 상태였다(나머지 학생들은 대개 외교관, 국제조직, 컨설팅, 금융투자업 등으로 자리를 잡았다).

반년이라는 소중한 시간이 주어졌기에 개인적인 정리도 할 겸 서울에 들러 홍콩에 갔는데 우연찮게 학부 때 통역 겸 인턴 아르바이트를 했던 서울 CNN지국에서 함께 일했던 기자를 만나게 되었다. 그녀는 신생 방송국인 아시아 비즈니스 뉴스(Asia Business News)의 기자로 자리를 옮긴 상태였고 그녀와 점심을 하기 위해 사무실로 찾아갔다.

ABN은 뉴질랜드 펀드와 다우존스 회사가 합작으로 싱가포르에 본사를 세운 최초의 아시아 경제전문 위성/케이블 채널이었다(훗날 CNBC ASIA로 흡수 합병됐다).

그들이 표방하는 것은 당시 BBC나 CNN 같은 영국이나 미국 중심적 시각의 세계 뉴스 조직이 아닌, 아시아의 시각으로 아시안들이 제작한 아시아에 관한 뉴스를 국제공용어인 영어로 전달하는 것이었다.

그녀의 상사인 영국인 홍콩지국장과 잠시 몇 마디 나누는데 불현듯 내게 ABN에는 아시아 대부분의 언어 가능자가 한 명씩은 있는데 한국어 가능한 사람은 없다며 지원해 볼 생각이 없느냐는 것이었다. 생각은 있는데 이틀 후 미국으로 돌아가야 하며, 이미 결정해 놓은 CNN이 있다고 대답했더니 그럼 당장 시험을 치라며 필기시험 문제지 세 장을 갖다주는 것이었다.

당시 졸업한 지 2주도 채 안 되었기 때문에 대부분의 경제, 외교 상식은 자신 있었다. 결국 점심식사 후 다시 지국으로 들어가 2시간 동안 면접과 방송기사 쓰기 시험을 보았다.

그리고 그날 밤 합격통지 전화를 받고, 다음날 다시 지국으로 들어가 연봉과 조건 협상을 마치고 나의 최종 결정을 24시간 내로 알려주기로 했다.

당시 세계적으로 이미 인지도가 높은 CNN과 신생 뉴스채널인 ABN를 놓고 어느 누구에게 물어도 당연히 유명한 CNN이 있는데 왜 ABN을 고려하느냐는 대답이 나올 것이 뻔한 선택이었지만 내 생각은 달랐다.

사무실 분위기 자체가 워낙 다문화적인 것이 일단 눈에 띄었다. 영국인, 미국인, 일본인, 말레이시아인, 인도인, 필리핀인, 중국인 등등 사람들이 다양했고 신생조직이라 방송기계와 조정실 또한 매우 현대적인 장비들로 구성된 것이 인상적이었다.

기술이 급속히 발전하면서 뉴스조직의 운영도 비대한 인적자원 중심이 아닌, 소수정예의 적응력과 뛰어난 인력 중심으로 방송산업 자체가 변화하는 시기라는 것을 신문과 학술잡지 등에서 읽은 기억도 떠올랐다.

그리고 무엇보다 백인 중심의 CNN이라는 큰 조직에 소수민족

한국인으로 들어가면 또 부닥치게 될 보이지 않는 차별의 장벽이 꺼림칙했고, 반면 ABN에 들어가면 비록 알려지진 않았으나 투자한 모기업이 튼튼하고 다민족적인 회사문화에서는 승진 기회도 많을 것 같다는 예감이 들었다.

그리고 내가 한국인이기 때문에, 모국어가 한국어이기 때문에 오히려 이 회사에서는 나의 가치를 이미 인정받고 입사하게 되니 더 좋은 조건이 없다고 생각했다.

요즘 흔히 눈에 보이는 스펙, 이름 있는 회사 등에 집착하는 경향이 여전한데 무엇보다도 나의 판단이 최선이라 여기자. 다양한 의견을 듣는 것도 중요하지만, 나만큼 나 자신을 잘 아는 사람은 없으니까 말이다. 그래서 나는 용의 꼬리보다는 뱀의 머리를 택하게 된 것이다.

여자의 적은 여자가 아니다

Pride yourself in sisterhood

소중한 멘토로 내 마음속에 자리 잡고 있는 한 여인이 있다. 리네트 리트고우(Lynette Lithgow). 그녀는 1950년 트리니다드토바고(Trinidad and Tobago)라는 서인도제도 남동부의 작은 섬나라에서 태어나 19살에 영국 항공기의 스튜어디스가 되어서야 처음으로 큰 대륙을 구경할 수 있었다고 한다. 그 후 중동지역에서 브루나이 라디오 통신원으로 활동하기 시작하면서 기자가 되었다.

영국으로 진출해 Granada Television과 BBC 기자로 활동했고 30대 후반에는 이미 영국 전역에서 가장 인기 많은 BBC 간판 앵커로 자리매김을 했다.

그런데 그녀는 더 배우고 싶었다고 한다. 인기와 주가가 하늘 높이 올라가 있었어도 무언가 본인이 부족하다는 것을 항상 느꼈기 때문이다. 모든 시선이 인종적으로는 마이너리티인 그녀에게 집중되니(그녀는 인도혈통, 유럽혈통. 남미계열이 혼합적으로 섞인 약간 까무잡잡하고 매우 매력적인 외모를 가졌다) 동료의 시샘도 만만치 않았지만 주변인들이 '리네트는 연기 잘하는 앵무새야'라고 수군거리는데 왠지 그 말이 전적으로 틀린 것은 아니라는 생각이 들었다는 것이다.

그녀는 다양한 분야의 정치인, 경제인, 그리고 학자들과의 심층 인터뷰를 하다 보니 그들을 상대할 만한 더 깊은 지식에 대한 필요성도 느꼈다. 특히 여성의 인권문제를 공부하고 싶어 40대 중반의 나이에 두 아이의 엄마인 상태로 옥스퍼드 법대에 도전했다. 그리고 박사학위를 수여 받은 후 새로운 세상에 도전하기 위해 1996년 싱가포르의 신생 방송국인 Asia Business News에 메인 앵커 겸 보도국장으로 부임하게 되었다.

리네트의 임무 중 하나는 on camera 인력양성이었다. 이미 카메라 앞에 서는 기자나 앵커들을 평가하고 그들을 훈련시키며, 사내에서 키우는 후보들을 관리하는 데 많은 시간을 할애했는데 나는 그 후보 중 한 명이었다.

직장상사이면서도 인생선배이자 큰언니 같은 존재로서 리네트는 내 가치관과 원칙형성에 참 많은 영향을 주었다. 주말이면 그녀의 집에 놀러 가거나 함께 맛있는 레스토랑을 돌아다니곤 했는데 우리는 주로 여자로서 그리고 소수인종으로서 백인 중심의 주류사회에서 살아가는 어려움에 대해 많은 이야기를 나누었다.

동서양의 교육을 둘 다 받았지만 국제적인 커리어우먼으로 성공하고 싶은 나의 욕망, 그리고 식성이나 취향은 극히 한국적이지만 외국 생활에 동화되려 노력하는 나의 갈등에 대해 언제나 성심껏 들어주고 성의껏 조언해 주었다.

회사 내외에서 리네트와 보내는 시간이 많다 보니 나를 보는 사내동료들의 시선이 점점 곱지 않다는 것을 느끼게 되었다. 다수 방송국이 그렇듯 ABN도 보도국 취재인력은 여자가 더 많은 데다 임원급의 주요 인사들은 리네트만 제외하고는 모두 남자였지만, 리네트가 실세 인사권자이니 그녀와의 친분은 시샘거리가 될 수밖에 없었던 것이다.

얼마 후 리네트는 나에게 회사에서만큼은 일부러 거리를 두자고 제안했다. 그리고 본인도 그렇게 할 테니 나 또한 회사에서는 점심도 다른 여자 동료들과 돌아가면서 하고 그들에게 먼저 다가가 교류하라는 것이었다.

그렇게 지낸 지 두 달쯤 지난 어느 토요일 오후에 리네트는 사내 여자들만의 파티를 열었다. 손님들은 각자 음식을 한 가지씩 가져오고, 리네트의 멋쟁이 남편은 기꺼이 그날의 호스트가 되어 나비넥타이까지 차려 매고 여자들에게 홀로 와인을 접대하는 컨셉이었다.

그리고 파티 분위기가 무르익을 무렵 리네트는 멋진 스피치를 시작했다. 오래전 일이지만 생각나는 대로 적어보자면, "오늘 이렇게 ABN의 매력적인 여성들이 모여 대화를 하고 시간을 보낼 수 있어 너무 고맙습니다. 여러분은 다양한 국가에서 태어나 다양한 문화 속에서 교육을 받은 진정한 국제인들입니다. 인도, 말레이시아, 중국, 한국, 일본, 미국, 캐나다, 프랑스, 영국, 벨기에, 네덜란드… 각자가 지닌 삶의 가치를 나열해 보라고 하면 아마도 세계 인류역사를 나열하는 것보다 훨씬 더 오래 걸릴 것입니다. 다만 우리는 영어와 뉴스라는 공통 관심사가 있기에 이 자리에 함께 있는 겁니다. 그런데 그보다 더 값어치 있는 공통점이 무얼까요? 린? 캐런? 주희?"

리네트의 대화 스타일이기도 한데, 그녀는 언제나 혼자 1분 이상 말하지 않는다. 아마도 오랜 저널리스트로서의 습관이기도 하지만 항상 상대방의 의견을 물어 관심을 집중시키고 참여하게끔 유도한다. 어떤 동료가 '여자?'라고 답했다.

"당신이 정확히 보았어요. 그렇습니다. 아름답고 능력 있고 경쟁력 있는 여성들만 여기 모였습니다. 그런데 현실을 봅시다. 이 세상의 절반은 우리와 같은 여자들입니다. 하지만 우리 회사를 비롯해 다른 거대 조직, 각자의 국가 정부조직 등의 경우를 생각해 보세요. 상위조직에 과연 몇 퍼센트의 여성이 진출해 있을까 말입니다. 스웨덴 같으면 모를까 그 숫자는 창피하기까지 합니다."

그녀의 이야기에 모두들 맞다, 그렇다며 긍정의 반응을 보였다.

"자, 그럼 우리 여자들은 어떻게 해야 합니까? 몇 안 되는 저 높은 자리를 차지하기 위해 여자들끼리 잔인한 경쟁을 하는 것이 좋을까요, 아니면 모두가 힘을 합쳐 여자들이 정당하게 차지할 수 있는 자리 수를 늘리는 것이 좋을까요? 우리 딸들에게 지금보다 훨씬 더 많은 기회를 열어주고 싶지 않습니까?"

모두 박수와 환호로 응답했고, 그녀의 거실은 흥분과 열정으로 가득 차기 시작했다. 그리고 돌아가면서 각자 자신이 여자이기 때문에 겪은 억울한 경험들을 털어놓았다.

이전 직장에서의 차별, 상사의 성희롱, 보수적인 부모로부터의 차별, 남편의 멸시, 그리고 강요된 조혼 경험까지… 서로 모르고 있던 그 여인 한 명 한 명의 아픔을 함께 나누며 열댓 명의 ABN 여사원은 울다가 또 웃다가를 반복했다.

그리고 어느 정도 서로에 대한 끈끈한 감정이 무르익을 즈음 리네트가 잔을 들어 건배제의를 했다.

"자, 우리는 모두 여성이라는 공동체의 일원입니다. 우리가 살아가는 세상은 녹록하지 않아도 분명 변하고 있습니다. 그 변화는 우리가 만들어갑니다. 지금 여기서. 겸손히 여러분께 제안합니다. 단지 아들로 태어났기 때문에 혜택을 누리는 남성들과의 경쟁만으로도 힘든 세상입니다. 여자들끼리의 불필요한 감정적 경쟁에 선을 긋고 (이 부분에서 나에게 윙크 신호를 보낸 리네트의 재치가 눈에 선하다) 우리는 서로를 격려하며 아름다운 경쟁을 합시다. To sisterhood!"

그녀의 제안대로 그날 밤 사상과 목표를 공유하자며 여성들의 '자매애를 위하여' 우리는 축배를 들었다.

우리나라의 경우도 일터에서만큼은 여성에게 불리한 조건이 여전히 난무한다. 특히 한국사회는 단기간에 역동적으로 경제적 발전을 이룬 만큼 경쟁 또한 외국인들이 보면 혀를 내두를 정도로 극심한데, 변화하는 사회구조 속에서 가치관과 윤리적 기준도 지속적으로 변화하는 중이다.

조금씩 여성들의 사회진출이 늘어왔고 이제 젊은 세대들은 맞벌이하는 것을 당연하게 생각하는 듯하지만 여전히 대부분의 여성 인력은 하위조직에 머물러 있는 것이 현실이다.

오죽하면 연일 신문에 실리는 기사 제목이 '모 재벌기업, 부사장급에 여성임원 발탁' '모 대통령, 고위급 여성인재 장려' '법조계 여성파워'일까? 이런 일들이 뉴스감도 되지 않는 날이 머지않아 오기만을 소망한다.

그래서 나의 지론은 -리네트의 영향인데- 일하는 현장에서만큼은 우리 여자들이 결국 소수(minority)인지라 뭉쳐야 발전할 수 있고, 우리 중 누군가가 조직의 사다리를 타고 올라가 저 위에서 남자들과 어깨를 견주며 경쟁하는 순간이 오게 된다면 여자들이 앞장서 그녀에게 뜨거운 박수를 보내야 한다는 것이다.

그녀를 열성적으로 응원하며 뒤에서 밀어주고 밑에서 받쳐주는 아름다운 여유를 가슴에 품어야 한다.

흔히들 '여자의 적은 여자'라는 말을 많이 하는데, 나는 그런 상투적이고 여성비하적인 표현이 싫어 일부러 오기를 부린다. 밥을 먹어도, 마음을 주어도, 직원을 뽑아도 가능하면 여자동료 및 선후배와 함께하려 조금 더 노력한다.

그리고 나에게 태클을 걸어오는 여자, 귀엽게 본다. 왜냐하면 직접적, 간접적 시비를 건다는 것은 나에게 관심이 있기 때문에 그런 것이니까. 만약 그녀와 계속 관계를 유지해야 하는 상황이라면 나는 리네트에게 배웠던 대로 그녀에게 다가가 눈길을 주고 호의를 베푼다.

물론 상대방이 나에 대해 부정적 감정을 갖고 있더라도 그건 일시적인 것이라 받아들이고 오히려 더 생긋생긋 웃으며 대하고 그녀의 이야기를 들어준다.

성격상 내숭은 안 맞아서 단도직입적으로 '너 나 별로라고 생각하는 것 아는데, 그 이유가 뭔지 모르지만 일단 나에 대해 궁금한 것 있으면 물어봐. 나도 너 알고 싶다'는 스타일로 다가가 만나면서 그녀가 자매애(sisterhood)의 마음을 열 때까지 기다린다.

하지만 기본적으로 사람을 좋아하고 아끼는 내게도 한 가지 철칙은 있다. 한번 우정을 확인하고 마음을 터놓은 상태에서 상대방이 어느 날 나와의 의리를 저버리면 냉정하고 깨끗하게 단절해 버린다.

한 번 배신은 두 번으로 이어지고 세 번으로 이어진다고 믿기 때문이다. 실제로 그런 일을 몇 번 겪기도 했다. 그래서 일단 관계를 끊으면 아무리 세월이 지나 상대방이 화해를 청해도 절대 뒤돌아보지 않는다.

어느 정도의 미인계는 필요하다

Feminism with femininity

미국영화 '금발이 너무해'에 등장하는 주인공인 엘 우즈는 지금껏 내가 지향해 왔고, 또 지향하는 가치관과 라이프스타일을 정확하게 보여준다.

사실 한국어로 번역된 '금발이 너무해'라는 영화제목은 실제 영어제목인 'Legally Blonde'의 의미를 제대로 전달하지 못한다. 'Legally'는 '합법적으로'라는 뜻이고 'blonde'는 금발머리란 뜻이지만 그 단어에는 미국사회 내에서만 통하는 다양한 의미가 내포되어 있다.

워낙 다인종 국가로 형성되었으니 머리카락 색깔도 수백 가지인데, 금발머리는 미국 사람이라면 어느 누구나 부러워한다.

예를 들어 금발머리 남편과 갈색머리 부인 사이에서 태어난 여자 신생아가 금발이면 '그녀는 금발이야!'라며 은근히 자랑하고 모두가 축하해 줄 만큼 금발에 대한 애착이 강하다.

백인 주류사회 여자들은 더 귀족적으로 보이기 위해 매년 수천 달러씩 써가며 금발염색을 하기도 하는데, 반대로 'blonde'는 아름답지만 머리가 아주 나쁘거나 맹하다는 의미로도 쓰인다.

영화에서 주인공 엘 우즈는 모두가 부러워하는 금발머리에, 좋은 집안에서 태어나 돈도 많다. 여성스러운 분홍빛 치장을 좋아하고, 브랜드 상품을 일상용품 사듯이 구입하며, 정기적으로 미장원 네일케어도 빠짐없이 받아야 하는, 요즘 한국식 은어 표현을 빌리자면 '엄친아 된장녀'다.

비록 남자친구의 무시에 대한 오기로 하버드 법대에 진학하지만 그녀는 피나는 노력과 준비로 곤란에 처한 여자선배를 변호하기도 하고, 사랑하는 강아지의 어미를 구출하기 위해 국회에서 동물실험금지 법안을 통과시키려고도 한다.

무엇보다 그녀는 자신이 아름답다는 것을 알고 자신을 꾸밀 줄 안다. 주위 사람들에 대한 배려와 그들의 관심을 사로잡는 매력도 부릴 줄 알고 상대방을 설득하기 위해 철저히 사전조사를 하며 자신이 옳다고 믿는 일에는 어떠한 망신과 난관에도 주눅 들지 않고 환한 미소로 당당히 대한다.

그녀의 이 모든 요소는 바로 '포스트모던 페미니즘(postmodern feminism)의 일단을 보여준다고 생각한다. 이는 여성문제를 정치적 시각에서 남성과 여성의 평등한 권리주장 중심으로 보는 전통적인 페미니즘 운동과는 다르다.

포스트모던 페미니즘은 개인의 선택을 더 강조한다. 그래서 가정보다는 직장을 우선시하든 말든, 미혼으로 남아 여성권리주장 운동의 선봉에 서든 말든, 영화 주인공 엘 우즈처럼 매력을 미끼로 남성을 사로잡든 말든, 이 모든 것은 여자 개인의 선택에 달려 있다고 보는 것이다.

사회문화 전반에서의 여성차별을 큰 맥락에서 한꺼번에 해결하겠다는 전통적 남녀평등운동이 아니라, 포스트모던 페미니즘 운동은 각 여성이 그들의 경험을 토대로 사회 곳곳의 세분화된 분야에서 일어나는 차별 개선에 선택적으로 본인만의 가치관에 따라 행동하고 노력해야 한다고 믿는다.

미인계가 꼭 나쁘다고 생각지 않는다. 아무런 노력과 정당한 대가 없이 단지 미모만을 이용해 무언가를 얻어내는 것은 옳지 않으나, 내가 여자이기 때문에 받을 수 있는 혜택이나 특권을 굳이 마다할 이유도 없다고 본다.

여자이기 때문에, 오해받기 싫어서 남자와 대화할 때 일부러 굳은 얼굴로 있을 필요 또한 없다. 시의 적절하게 아름다운 여성의 미소를 보여주었을 때 오히려 이성의 마음이 활짝 열리며 일이 잘 풀릴 때가 있다.

이미 수세기 동안 많은 여성이 여성들만의 이 특유의 무기로 성공한 사례가 적지 않다. 타고난 여성성을 차별의 범주에 가두지 말고, 세상을 살아가는 놀라운 무기로 사용할 수 있는 것이다.

취재활동에서 여자라서 특별히 큰 혜택을 보거나 안 되는 일을 되게 한 예는 별로 많지 않다. 그러나 분명 큰일을 도모하다가 얻을 수 있는 작은 혜택들이 있었다.

아쉽게도 절대로 인터뷰를 하지 않기로 유명한 인사를 미인계로 사로잡아 취재를 따내거나 한 적은 없지만, 취재현장에서 미인계가 알게 모르게 도움이 되는 경우가 자주 있다.

촬영을 허락하지 않는 곳에서 가게 주인이나 집주인에게 미소로 부탁해 촬영이 이루어지게 한다든가, 인터뷰를 할까 말까 고민하는 분들에게 다가가 다정하게 말을 걸어 설득하는 데 성공한다거나 정도의 수준이다.

한국뉴스를 다루는 동안 북한에 예닐곱 번 들어가 취재할 기회가 있었는데 나는 특히 북한 남성들의 호의가 기억에 남는다. 북한취재는 매우 제한되어 있다. 기자들이 움직일 수 있는 지리적 범위도 철저히 통제되고 버스로 이동 중 창밖을 찍는 것도 금지되어 있다. 혹여 발각되면 그 자리에서 테이프를 뺏어가고 심지어는 촬영장비도 압수해 버린다.

워낙 세상에 알려지지 않은 모습들이라서 일단 들어가면 무어라도 하나 더 카메라에 담으려는 기자들과 보이지 않으려는 북측 감시원들의 끊임없는 숨바꼭질이 시작된다.

원하는 것만 취재하게끔 하려는 북측과 그들이 보여주고 싶지 않은 풍경을 카메라에 담으려는 남측 기자들과의 싸움인 것이다. 그러다 보니 항상 긴장감이 돌 수밖에 없다.

개성에서의 에피소드인데 버스로 수백 명이 개성관광 중 이동하면서 유명한 단고기 집에 들렀다. 때마침 모든 일행이 식사를 하는 동안 밖을 내다보니 감시원들도 없고 해서 우리 카메라 기자와 슬쩍 나가 스탠드 업(stand up)을 시도했다. 1~3분 정도 분량의 뉴스에서 잠깐 기자가 카메라에 얼굴을 비치며 이야기하는 스탠드 업의 파급효과는 매우 강하기 때문에 기자 입장에서는 신경을 많이 쓰는 중요한 부분이다.

북한에 내가 직접 들어와 취재하고 있다는 것을 보여주기 위해서는 '배경이 북한다운 곳'을 선택해야 하는데 단고기 식당 밖은 개성시의 모습을 한눈에 볼 수 있어 안성맞춤이었다.

촬영을 시작하자마자 어디선가 북측 감시원이 뛰어나와 예상했던 대로 막 화를 내며 저지하기에 환한 미소로 다가가 좀 봐달라고 부탁할 수밖에 없었다.

그들은 서로 감시하는 체제이기 때문에 다른 북측 직원이 한 명이라도 있었으면 아무리 사정해도 안 된다는 것을 알고 있었다. 그러나 둘러보니 나머지 인원들은 식당 안에 있는 남측 손님들을 감시하느라 다행히 그분 혼자였던 것이다.

이때다 싶어 이런저런 말도 걸어보고 칭찬도 하니 기분이 좋아졌는지 빨리 하라며 아예 망까지 봐주는, 내 입장에서는 너무나도 고마운 호사를 누릴 수 있었다.

한국사회는 특히 여성이라서 따돌림받을 수 있는 문화도 있다. 남성들은 학연이나 군생활로 맺어진 끈끈한 동질감을 바탕으로 조금 더 쉽게 말을 풀어나가기도 하고 술자리 한 번으로 자연스럽게 금방 친해질 수 있는 환경이 만들어져 있는 것 같다. 그러나 여성의 입장에서는 가정도 생각해야 하고 '여자이기 때문에'라는 자기 관리 차원에서라도 남성들과 호형호제하기에는 많은 제약이 따른다.

이럴 때 내가 매력적인 여성이라는 점을 상황에 맞게 적절히 고급스럽게 잘 활용한다면 어려울 수 있는, 혹은 까다로울 수 있는 상황에서 조금 더 유연하고 쉽게 내가 원하는 것을 얻어낼 수 있는 이점이 분명히 있다. 그러나 여기서 꼭 짚고 넘어가야 할 부분은 '적절히 고급스럽게'라는 것이다. 무언가를 얻기 위해 도덕적 범위를 벗어나 일과 관련된 상대와 신체적 접촉을 한다거나 혹은 신체적 접촉을 미끼로 오해를 불러일으킬 수 있는 언질을 하는 것은 매우 어리석은 방법임을 명심해야 할 것이다.

간혹 이렇게 아둔한 실수를 범하는 후배들을 보면 안타깝기 그지없다. 물론 사내결혼도 있고 일과 관련된 사람과 사랑에 빠질 수도 있다. 그러나 이성을 만나는 근본적 목적이 어디에 있는지는 본인 스스로가 잘 안다.

가슴에 손을 얹고 진정 그가 단지 남자로서 매력이 있기 때문에 관계를 갖는 건지, 내가 원하는 무언가를 얻기 위해서인지는 잘 판단해야 할 문제다.

현대사회를 살아가는 여성들은 원칙과 가치관이 뚜렷해야 한다. 여전히 한국사회 속에 만연한 여성 불평등 문제 등 개선해야 할 여권신장에 우리는 다양한 방법으로 힘써야 한다.

그리고 그 과정 속에서 무엇보다 우리의 특별한 장점인 '여성성'을 잃지 말았으면 한다.

분명 인간 역사상 미모를 지닌 여자는 대접받지 않은 경우가 없다. 그러므로 미모는 또 하나의 당당한 경쟁력이니 적절한 수위 내에서 유익하게 활용하는 방법을 연구하는 것도 필요하다.

폭탄주에도 선이 필요하다

Draw the line

 사회생활을 하면서 내게 가장 힘든 고역은 술자리다. 일단 체질적으로 알코올 흡수분해가 안 되니 마시면 마실수록 흥이 나는 것이 아니라 점점 육체적으로 괴로워질 뿐이다.
 지인들은 '마실수록 느니까 계속 마셔라'고 조언하지만, 소주 세 잔 정도 들어가면 심장이 쾅쾅 뛰고 천장이 빙글빙글 돌고 구토부터 시작하니 이건 도저히 연습과 경험으로 되는 것이 아니라는 것을 나는 예전에 깨달았다.
 간혹 술자리에서 취한 누군가가 '다 마시는데 왜 혼자 빼느냐' '우리 모두 같이 마시고 뻗자' 그리고 심지어는 '네가 뭐 그리 잘

나서 우리랑 술도 안 마시느냐'는 편잔을 줄 때는 정말 많이 속상했다. 마시기 싫어서가 아니라 못 마시니까 그런 건데 말이다.

처음 한국에서 주재생활을 시작한 30대 초반에는 또래 친구나 지인들을 만나 저녁식사 후 2차로 가라오케 가는 것을 즐겼다. 초대하는 곳마다 부지런히 나가서 어울렸고 분위기를 맞추기 위해 괴로워도 참고 억지로 술을 마시곤 했다.

아마도 열아홉살에 한국을 떠나 타지에서 홀로 생활하다 오랜만에 귀국하니 한국인들만의 끈끈함과 정이 그리웠던 것 같다.

하지만 이제는 술자리 분위기 망치지 않고 적당히 마시며 어울릴 수 있는 방법을 터득한 것 같다. 어차피 나는 저녁시간이라 해서 긴장을 풀 수 없는 처지라 마음 놓고 취할 수도 없으니까.

미국시간으로 봤을 때 한국에서의 저녁 10시 이후부터 새벽 5시까지는 본사 데스크와 각 프로그램 프로듀서들과 가장 많이 통화하고 이메일을 주고받는 시간이기 때문이다. 그러니 술자리라 해서 핸드폰과 블랙베리를 내려놓을 수도 없고, 어쩌다 갑자기 뉴스라도 터지면 기사 쓰고 메이크업하고 뛰어나가 카메라 앞에 서야 한다.

간혹 이런 사정을 말하고 양해를 구해도 막무가내로 술을 종용하는 사람들이 있다. 그들의 강요는 술에 취할수록 더 심해진다. 심지어 주사까지 부리는 밉상은 정말 다시 함께하기 싫은 경우다. 많은 사람이 함께한 자리인데 그러면 나의 1차 선택은 피하는 것이다.

그 사람과 멀리 떨어져 앉거나 따라다니며 괴롭히면 계속 자리를 옮겨 도망다닌다. 어차피 취한 사람은 알코올을 핑계 삼아, 그가 하고 싶은 대로 행동할 것이고 그 다음날은 기억이 안 난다고 발뺌할 테니 말이다.

그렇다 해서 꿔다 놓은 보릿자루처럼 멀뚱멀뚱 앉아 다른 사람들 노래할 때 박수만 쳐주는 목석이 되어서는 안 된다. 분위기 맞춰 신나게 이야기 나누고, 더 신나게 노래도 부르고, 흥이 나면 제일 먼저 나가서 흔들기도 한다. 이 또한 그들에 대한 존중의 표시고 소통하려는 노력이니까. 다만 이 모든 게 술이 안 취해도 가능한데 굳이 마시라고 강요만 하지 않았으면 좋겠다.

가장 민망하고 낯 뜨거울 때는 단체모임에서 일명 '파도타기'를 하는 경우다. 나의 전략은 일단 분위기 띄우려는 첫 잔은 멋지게 마시는 것이다.

그리고 가능하면 폭탄주를 만드는 사람, 혹은 그 자리에서 술을 제일 좋아하고 잘 마시는 사람 옆에 가서 앉는다. 그들에게 술이 매우 약하다는 귀띔을 해주고 미리 도움을 청한다.

대부분의 술꾼은 오히려 단체로 돌아가며 마시는 것보다 더 많이 그리고 더 빨리 마셔 취하고 싶어 하니 '흑기사'를 해달라고 부탁하면 그들 입장에서는 누이 좋고 매부 좋은 제안이다.

대부분 나는 이렇게 술자리에서는 둥글둥글한 성격으로 행동

하려고 노력한다. 그렇지만 딱 한 가지 아무리 상대방이 취해도 받아들일 수 없는 한계선이 있다. 한국사람들의 특징이 평소에는 스킨십을 어색해 하고 절제하다 술이 조금 들어가기 시작하면 이성 간이든 동성 간이든 터치를 많이 하는 것 같다.

어깨에 팔을 올리거나 다리에 손을 얹는다거나 간혹 안으려 하기도 하고. 의도가 순수하다면 참 좋은 현상인데, 이 터치가 성희롱 수준으로 가는 경우라면 그 자리에서 냉정하고 단호하게 거절해야 한다(성희롱은 여자뿐만 아니라 남자도 희생양이 되는 경우가 빈번하다).

불가항력적으로 당한 강간만 제외하고는, 성희롱을 당했다면 그 피해자도 일말의 책임은 있다고 본다. 충분히 그 자리에서 대응할 수 있는데 안 했으니까 말이다.

수년 전 어느 날 모 신문사 사주 아들이 저녁모임에 다양한 분야의 사람들을 예닐곱 명 초대했다. 그분이 제일 나이도 많고 눈치로 봐서는 그 자리에 초대된 분들이 매우 어려워하는 상대였다.

술자리도 물론 그분이 주도했다. 각 분야의 다른 사람들이 한자리에 모였기에 어색한 분위기를 바꿔보려고 그런 것일 수도 있는데 너무 술을 강요하시는 것이었다.

한국에서 사회생활을 하려면 여자도 잘 마셔야 한다는 둥, 기자가 그리 술이 약해서 무슨 취재를 하러 다니겠느냐는 둥. 그분의 사회적 위치 때문이었을까, 자리에 모인 다른 사람들도 '옳소, 옳소!' 하며 마시라는 무언의 압력을 주는 것이었다.

그러다 분위기가 점점 무르익을 즈음, 그는 내게 반말을 하기 시작했다. 나보다 훨씬 나이가 많으니 취했다 이해하고 넘어갔다. 그러고 나서 얼마 안 되어 슬그머니 내 손을 잡는 것이었다.

확 뺐다. 그러기를 여러 번, 그는 다시 내 손을 강제로 세게 잡더니 '예쁜 사람이 참 까칠하네'라고 하는 것이었다. 그때 나는 벌떡 일어나 얼굴에 미소를 가득 띠고 모두 들을 수 있도록 일부러 큰 소리로 그분을 향해 말했다.

"초대해 주셔서 감사합니다. 제가 음주 치사량이 너무 낮아 끝까지 파도타기에 동참하지 못해 미안합니다. 그런데 취하셨다고 저를 너무 좋아하시면 곤란합니다. 먼저 가겠습니다." 그러고는 술자리를 박차고 나와버렸다.

이 에피소드를 통해 전하고 싶은 나의 메시지는 갑을관계의 '을'일지언정 원칙과 경계선만큼은 분명히 해야 한다는 것이다. 특히 조직생활을 하는 웬만한 여자들은 나 같은 경험이 한두 번쯤 있을 것이다.

성희롱은 엉겁결에 당하는 것이기 때문에 대부분의 사람은 희롱을 당해도 그 순간에는 불쾌함과 당황감만 있을 뿐, 무슨 일이 일어나고 있는지 잘 인식하지 못한다.

나중에야 집에 들어와 생각해 보면 '아, 그게 성희롱이었구나' 깨닫게 된다. 그러므로 평소에 불시에 일어날 수 있는 각종 성희롱의 경우를 상상해 보고 자신의 성격으로는 어떻게 대처해야 하는지를 깊이 고려해 예방훈련을 하는 것이 꼭 필요하다.

Part Four
메신저를 뛰어넘는
파워커넥터가 되라

Aspire to be a power connector

파워 있는 악수의 의미

Power handshake

처음 본 지 얼마 안 된 사람들이 가끔 내게 이런 말을 한다. '기자라서 그런지, 악수를 청해서 당황했어요'라고.

나에게 악수란 단순한 인사가 아닌 관계 위치 설정의 첫 단계다. 내게는 이 점이 아직도 미스터리인데 우리나라에서는 문화적인 배경 탓이겠지만 남자가 악수하는 것은 당연하게 받아들이고, 여자가 악수하는 것은 불편해 하는 이들이 있다.

그렇다고 같은 남성 동료들은 악수하는데 여자라서 두 손 모아 15도 혹은 45도 인사는 왠지 불평등한 것 같아 나는 줄곧 악수로 지난 10여 년간 한국에서의 사회생활을 버텼다.

요즘은 그래도 많이 나아졌지만 십 년 전만 해도 글로벌화에 뒤

처진 정치권이나 정부 내 인사들을 인터뷰할 때는 웃지 못할 해프닝도 많았다.

막상 만나면 일단 나이에 비해 어려 보이고 체격도 자그마한 여자가 악수를 청하니 당황했을 것이다. 내가 악수를 청하면 눈을 똑바로 쳐다보며 미소를 짓고 슬그머니 손을 살짝 대었다 놓는 여당 정치인. 통일부의 어느 관료는 같이 간 남성 동료 기자들과 악수를 하다 내 차례가 되었는데 악수를 청하니 너무 당황해 느닷없이 허리 숙여 '어서 오십시오!'를 외치던 모습이 아직도 눈에 선하다.

심지어 공적인 자리에서 어느 텔레콤 회사의 짓궂은 사장은 악수를 하면서 셋째손가락으로 내 손바닥을 간질이는 망동을 보여 황당했던 기억도 있다.

기자 입장에서는 상대방이 대통령이건 훨씬 나이가 많은 회장님이건 간에 일단 그 자리는 정보를 얻기 위해 마련된 자리인 만큼 너무 고자세도 안 되지만 저자세로 시작하는 것도 곤란하다. 일단 여자가 아닌 외신기자로 나를 받아들이게끔 현명하게 위치를 설정해야 하기 때문이다. 항상 누군가와 소통하고 정보를 전달하는 기자의 입장에서는 단순한 메신저 이상의 존재감을 가져야 일 진행에 차질이 없다. 그래서 기자의 존재감을 극대화시킬 수 있는 파워커넥터가 될 수 있어야 한다는 것이 내 소통의 원칙이다.

흔히들 골프 라운드를 하루 함께 하거나 술자리를 하고 나면 그 사람을 알 수 있다든지, 눈빛을 보면 그의 영혼이 보인다는 말을 많이 한다. 그런데 수많은 사람과 새로 만나고 사귀고 정보를 얻는 것이 나의 직업인지라 이제는 악수하는 패턴을 보면 대략 그 사람의 성격을 읽을 수 있다. 단순한 인터뷰어나 메신저를 뛰어넘는 파워커넥터가 되기 위해서는 자신만의 특별한 소통 방법을 익혀둘 필요가 있다.

그래서 이 장에서는 파워커넥터가 되기 위한 하나하나 구체적인 액션플랜(action plan)을 제안하고 싶다.

1 | 처음 만나는 상대방과 눈이 마주치는 순간부터 그에게서 눈을 떼지 말라

가령, 상대방이 이미 어느 자리에 자리 잡고 있는 상황이라면 문턱을 넘어 그에게 다가가기까지 몇 걸음 더 가야 할 텐데, 그가 내게 중요한 사람이라면 더더욱 그에게서 눈을 떼지 말고 자신만만하게 다가가라. 처음의 눈빛 교환은 우리의 정신세계를 벗어나 두 영혼이 처음 접하는 소중한 순간이다.

2 | 입을 다물고 입꼬리를 살짝 올리는 정도의 미소를 지으며 다가가라

첫인상이 나빠서 좋을 건 없다. 오랜만의 만남이 아닌 처음인 경우는 과하게 반길 이유가 없다. 과장된 반가움의 표시는 상대방에게 부담이 될 수도 있고 때로는 그런 내가 가식적으로 느껴질 수도 있기 때문이다. 가벼운 미소로 나의 입장은 호의적이라는 신호만 보내면 된다.

3 | 상대방이 키가 크면 멀리 서고, 키가 비슷하면 최대한 가까이 선다

보통 서서 악수를 할 경우 적당한 거리는 80~90cm 정도로 생각하면 된다. 간혹 내가 가까이 서는 이유는 그가 나에게 갖고 있을 벽을 조금이라도 허물게 하려는 의도다. 특히 상대방이 나를 어려워하거나 견제하고 있다는 것을 알고 만나는 상태라면 더욱 신경 써서 전략적으로 살짝 그에게 가까이 선다. 그러나 동양적인 정서에 익숙한 사람들은 스킨십에 익숙하지 않기 때문에 처음 만나는 상대가 나의 공간과 너무 가까운 거리에 들어오는 것을 부담스러워 할 수 있다.

키가 작은 나의 숨겨진 비법인데, 상대방이 키가 매우 크다면 나는 의도적으로 멀리 서서 악수를 준비한다. 그 이유는 혹여 너무 가까워 내 목이 위를 향하게 되면 그만큼 상대방이 우위를 느낄 수 있기 때문이다.

4 | 당당히 악수를 청하라

그가 먼저 악수를 청하면 다행이고, 아니라면 서슴없이 청하라. 그도 나도 서로 목인사를 해야 할까 악수를 해야 할까 재고 있는 순간일 수 있다. 짧은 순간이지만 내가 주저하고 있다고 그가 결론 내리기를 기다리지 말고 당당하게 먼저 악수를 청하라.

5 | 완벽한 자세를 갖추어라

이때 꼭 기억해야 할 것은 허리는 꼿꼿하게, 가슴은 펴고, 눈은 상대방의 눈을 응시한다. 웅크린 자세는 어중간한 정신의 반영이다. 허리를 세우고 가슴과 어깨를 바닥과 평행하게 펴고, 주변을 두리번거리지 말고 그의 눈을 바라봐 관심을 나에게로 집중시켜야 한다.

6 | 인사 각도도 전략이다

손이 마주 닿는 순간 허리를 굽히는데 어정쩡한 목례보다는 상대방에 따라 15도 인사, 45도 인사, 90도 인사를 확실하게 하라. 45도 인사로 결정했다면 허리도 목도 제대로 굽혀 하는 것이 좋다. 이때 눈의 방향도 함께 가야 한다. 상체는 굽히면서 눈은 위를 향하는 인사는 매우 불안정한 사람으로 보인다.

7 | 손은 '파워 있게' 꽉 잡아라

손에 땀이 많은 사람이나 평소에 자신감이 없는 사람들은 손을 쥐는 둥 마는 둥 하는 경향이 있다. 절대로 바람직하지 않다. 특히 수줍음이 많은 사람들은 이성과의 악수 때 어색해 하는데 그 자리가 내숭을 떨어야 하는 선보는 자리가 아니라면 연습을 통해서라도 파워 있는 악수를 훈련하라.

8 | 인사말도 빼놓을 수 없는 매우 중요한 요소다

나의 경우는 공적인 자리에서는 '안녕하십니까, 조주희입니다'로 하고, 공적인 자리지만 취재와 관련 없는 경우는 '안녕하세요,

조주희입니다'로 수위를 낮추고, 지인들이 서로 소개하는 가벼운 자리는 '반가워요, 조주희예요'로 친근감을 표시한다.

이때 꼭 기억해야 할 것은 (이 장의 마지막에 더욱 자세히 다루겠지만) 목소리 톤과 발음에 신경 써야 한다. 굳이 여자다운 모습을 보이지 않아도 될 자리라면 목소리 톤도 적당하게 낮추고, '안, 녕, 하, 십, 니, 까'를 또박또박 내뱉는 것이 좋다.

남자의 경우도 마찬가지로 씩씩하고 자신만만한 인사는 상대방에게 매우 좋은 인상을 준다. 단, 너무 또박또박 자신만만하게 하려는 나머지 차갑게 들릴 수 있는데 목소리는 다정하고 따뜻하게 들리도록 신경 쓰자.

9 | 마지막 마무리를 잊지 말자

만남의 마지막 마무리는 다시 눈을 한번 쳐다봐주는 센스가 필수다. 악수를 하자마자 그 사람에 대한 존중의 표시도 없이 다음 사람으로 향하는 관심은 무례하게 보일 수 있다.

두드리기 전에 먼저 열어라

Open their hearts

　가끔은 기자라는 직업이 상대방으로부터 진실을 끌어내야 하는 일이기 때문에 검사와 비슷하다는 생각을 한다.

　궁극적으로 기자는 끊임없이 새로운 사람을 만나 정보를 알아내고 그것을 분석 정리해 대중에게 알리는 직업인데, 제일 먼저 그 사람이 정보를 줄 만한 자격과 위치에 있는 사람인지를 분별해야 하고, 그가 말하는 내용들이 사실인지 아닌지를 검증해야 하는 막대한 책임이 있다. 가장 어렵고 긴장되는 부분이다. 한순간의 잘못된 판단으로 거짓을 진술하는 사람의 말을 수십만 명에게 전달하게 되니 말이다.

그래서 기자의 기본은 항상 교차확인(cross-checking)이다. 제3자나 다른 전문가에게 꼭 그 정보가 객관성과 신빙성이 있는지 확인하고 또 확인해야 한다. 특히 미국 언론은 이 부분에서 매우 엄격한 기준을 기자들에게 적용한다.

잘못된 정보의 파장에 따라 어떤 경우는 단 한 번의 실수로도 기자 스스로 취재 당시 교차확인을 했다는 입증을 못하면 가차 없이 해고당하기도 한다. 작업환경이 이렇다 보니 이제는 어느 누구를 만나도 저 사람이 하는 말이 진실인지 아닌지 혼자 관찰하고 되묻고 하는 버릇이 생긴 것 같다. 사람은 자기가 보는 관점에 따라 타인에게는 A가 아니라 B일지언정 그에게는 A가 진실이 될 수도 있기 때문이다.

그 A라는 믿음이 그에게는 어디서 비롯된 것인지를 알기 위해 계속 질문하고 대화를 이끌어나가야 하는데 여기서 제안하는 몇 가지 팁은 우리가 어느 직종에 있든 유용하게 쓰일 수 있다고 생각하는 것들이다.

1 | 두드리기 전에 먼저 열자

소통은 상호관계 속에 한쪽 방향이 아니라 양방향으로 성립된다. 그러므로 상대방에게도 내 마음의 상태가 육감적으로 전달되게 되어 있다. 내가 얻어내야 하는 것이 있다면 나 먼저 마음을 열어주는 자세가 필요하다.

2 | 그가 좋아하는 것부터 찾아라

어느 누구든 본인이 관심 있고 잘하는 분야를 알아주는 사람에게 호감을 느끼게 된다. 처음 본 사람한테 무작정 칭찬하는 것도 우스우니 나는 대화의 시작을 그가 좋아하는 것에서부터 시작한다.

예를 들어 인터뷰를 위해 어느 교수의 사무실에 들어가면 제일 먼저 책장 속에 꽂힌 책들을 눈치 빠르게 훑어본다. 그의 관심사가 어디에 있는지 한눈에 알아볼 수 있기 때문이다.

혹 가족사진이 유난히 많다거나 트로피가 있다거나 동물액자가 있다면 '강아지 이름이 뭐예요? 어느 품종이죠?'라고 묻는다.

한국경제의 방향에 대해 인터뷰를 하러 갔을지언정 그와의 첫 만남의 어색함을 녹여주기 위한 얼음깨기(ice-breaking) 전략이다. 카메라와 조명이 여기저기 설치되는 와중이라면 더더욱 인터뷰 당하는 사람 입장에서는 긴장해 있기 때문이다.

3 | 질문은 명확하고 시원하게 하라

질문이 명확할수록 돌아오는 대답도 성의가 담길 확률이 높다. 그리고 자신만만하고 당당하고 시원하게 질문을 던져야 한다. 대답을 해야 하는 사람이 홍보맨이 아닌 이상 알아서 질문자가 알고 싶은 내용들을 줄줄 나열해 주지 않는다.

항상 기본적으로 '무엇을, 언제, 어디서, 누구와, 어떻게, 왜'라는 것을 대화 속에서 간간이 질문하는 것을 잊지 말아야 한다.

그런데 사람마다 이 여섯 가지 중 습성상 대답하기 싫어하는 것이 한두 가지는 있다. 나의 경우는 '누구와'를 묻는 사람이 싫다. 특별한 이유가 있어서는 아니고 대화 속에서 '누구랑 있었어?' '누구랑 했어?' 이런 질문은 왠지 나의 프라이버시와, 함께한 사람의 프라이버시를 침해하는 것 같아 그냥 대답하기 싫어한다. 그러므로 질문자는 그 답을 꼭 알아내야 할 경우, 첫 질문을 던졌을 때 상대방이 꺼리는 것 같다면 눈치껏 넘어가고 대화의 흐름상 대답을 안 하면 안 될 마무리 시점에 다시 묻는 것이 좋다.

4 | 그의 답에서 의의를 구하라

위의 여섯 가지는 사실(fact)을 확인하는 단계에 불과하다. 친목의 자리이든 사업상의 자리이든 진실을 끌어내기 위해 가장 핵심적으로 이해해야 하는 것은 '의의(significance)'다.

한참을 이야기하고 나서 'So what(그래서 어쨌다는 것이지요)?'을 생각해 보지 않으면 그 대화는 단지 수다에 불과할 뿐이다. 의의를 구하면 바로 이 대목에서 상대방의 주관적 견해가 나오기 때문에 분명 각자의 본심이 담겨 전달될 수밖에 없다.

있는 사실, 있었던 사실은 어느 누구나 객관성을 바탕으로 대답하게 되어 있으나 의의를 물으면 각자 해석의 방법이 다르기 때문에 나는 이 부분의 대답이 가장 기대된다.

5 | 중간중간 요점정리를 하라

나는 상대방이 한참을 설명하고 나면 중간에 그가 한 말을 요약

하거나 그중 중요하다고 생각하는 부분을 간단명료하게 '아, 이러이러해서 이렇다는 말씀이시지요?' 식의 확인을 한다.

내가 잘 알아들었는지 재확인의 의미도 있지만 상대방에게 내가 지금껏 열심히 듣고 있었다는 표현을 하는 의미이기도 하다.

6 | 그의 개인적 생각을 중요시하라

저널리즘 인터뷰에서 가장 많이 던지는 질문은 'How does it make you feel?'이다. 즉, 당신은 그래서 어떻게 느꼈느냐는 뜻이다.

보통 사람들은 묻기 전에는 개인의 속내를 알아서 꺼내놓지 않는다. 주로 사실 위주로 있었던 일을 묘사하거나 통념적으로 받아들여지는 수위 내에서 본인의 생각을 표현한다. 그렇기 때문에 그에게 개인적으로 당신은 어떤 생각인지를 자주 물어 속내를 보여줄 수 있는 기회를 제공하면 효과적인 대화를 이끌어낼 수 있다.

7 | 해결방법을 물어 그를 띄워주어라

한 걸음 더 나아가 결론을 짓고 마무리하기 위해서는 상대방에게 그가 생각하고 있는 해결 방법을 제시할 기회를 주어야 한다. 이것은 그가 특별하다는 느낌을 갖게끔 하는 하나의 의식이다.

8 | 반복질문을 두려워하지 마라

인터뷰를 진행하다 보면 가끔 무슨 말을 상대방이 하는 건지 아리송해도 혹여 그가 민망해 할까봐, 아니면 그가 나를 얕볼까봐 명확하게 다시 질문을 안 하게 될 때도 있다.

특히 상대방이 윗사람이면 더더욱 그렇다. 그러나 대화의 기본은 이해와 흡수다. 같은 언어를 사용해도 간혹 화자의 의도와 청자의 이해는 다를 수 있기 때문에 상대방의 진심을 제대로 이끌어내려면 반복해서 질문하고 재확인하면서 대화를 이끌어가야 한다.

9 | 파고들어라

드라마나 영화에서 보듯이 흐름 자체가 적당한 굴곡과 반전이 있으면 그만큼 감동도 커진다. 대화에서도 그 흐름을 즐길 줄 알아야 한다. 적절한 타이밍에 엔진을 걸어 공격적으로 파고들어야 할 때도 있고, 너무 과열되었다 싶으면 그를 달래 진정시키는 슬기와 재치도 필요하다.

정보를 주는 사람 입장에서는 이해관계가 없는 한 '꼭 이것까지 말해야 하나?' 라는 의구심도 있을 테고 '지금 제대로 하고 있는 건가?' 라는 불안감도 있을 것이다. 이런 것들을 눈치 있게 알아차리고 강약 조절로 상대방을 그 순간의 의구심과 불안감에서 자유롭게 해주어야 편안하게 진실을 이끌어낼 수 있다.

몸짓으로 먼저 사로잡는 법

Power of nonverbal signals

사람의 몸은 표현을 위한 도구다. 그리고 대화 도중의 보디랭귀지, 즉 몸짓은 상대방에 대한 예의이자 무기가 될 수 있다. 파워 커넥터의 가장 기본은 좋은 청취자(good listener)가 되는 것이다.

그의 말과 메시지를 내가 열심히 듣고 있다는 무언의 몸짓으로 표현하는 것, 이 방법은 홀로 있을 때 거울을 보고 연습해도 좋고 조금 번거롭지만 연습 삼아 대화를 할 때 제3자에게 동영상으로 찍어 달라고 해서 스스로 본인이 반응하는 모습을 분석할 것을 추천한다.

적절한 미소와 경청은
소통의 기본 자세다.

1 | 연기자가 되어라

　가끔은 내가 연기자가 된 것처럼 과장된 표정연기도 필요하다. 표정의 다양함은 때로는 백 마디 말보다 더 효과적일 수 있다. 상대방이 자신의 경험에 대해 신이 나서 이야기할 때는 미소로 화답하고, 슬프고 핍박 받던 경험을 간증할 때는 동정과 안타까움의 표정으로 바라보라. 혹여 무언가 의심스럽다거나 이해가 가지 않는 부분이 있다면 마음속에 의문을 품지 말고 즉각 고개를 갸우뚱 한다거나 눈꼬리를 올린다거나 함으로써 의문스럽다는 듯 무언가 반응을 보여야 한다.

　결국 나 자신을 표현하는 데 인색하지 말라는 것이지, 없는 감정을 일부러 거짓으로 만들어 반응하라는 것은 아니다. 다만 조금만 더 나의 감정을 강하게 표정으로 연기하라는 뜻이다.

2 | 곧은 자세로 상대방에게 예를 표하라

　올바르지 않은 자세는 지금 나누고 있는 대화에 내가 자신감도 확신도 관심도 없다는 오해를 불러일으킬 수 있다.

　일단 본인부터 올바른 자세가 무엇인지 알아야 한다. 꼬리뼈가 빠지지 않게 아래 허리를 곧게 세우고 복부 안쪽 근육에 힘을 주고 가슴을 펴고 턱은 목 안쪽으로 살짝 당긴 자세가 바람직하다.

　의자에 앉을 때는 의자의 앞쪽에 엉덩이를 걸치는 것이 좋다. 의자의 뒤쪽에 등을 기대고 앉으면 나태해지기 쉽고 상대방에게도 자칫 오만해 보일 수 있다. 허리 각도는 뒤쪽으로는 10도 이내,

앞쪽으로는 20도 이내에서 세우는 것이 바람직하다.

3 | 자세의 변화로 강약과 속도를 조절하라

상대방이 무언가 매우 중요한 정보를 흘리려 하는데 주저하는 모습을 보인다면 그에게 상체를 내밀어 집중하고 듣고 있다는 몸짓으로 그를 향한 응원의 메시지를 표현한다.

그리고 이건 내가 가끔 쓰는 방법인데 시간은 없고 카메라는 돌아가는 상황에서 인터뷰이가 별로 중요하지 않은 이야기를 늘어놓고 있다면 중간에 말을 끊기도 민망하니 앉은 자세를 바꿔버린다. 의자 뒤로 기대어 앉아 그와 눈을 마주치지 않는 것이다.

상대방이 무언가 거짓말을 하거나 거짓 정보를 일부러 흘리고 있다는 의심이 들면 나는 팔걸이에 팔꿈치를 걸치고 턱을 살짝 치켜들고 다리를 꼰 후 가만히 기다린다.

심리적으로 거짓말을 꾸며대는 사람은 불안하기 때문에 본인의 말에 신빙성을 더하려고 더 많은 말을 하게 되어 있다. 그러다 보면 분명 그의 논리와 서술에 허점이 드러나게 되고 그때 정곡을 찌르는 질문을 한다.

4 | 추임새를 넣어라

'얼쑤' 하며 장단을 맞추면 흥이 나듯이 대화에서도 '아' '네' '음' '아이고' '저런' 등등의 반응을 보여주는 것은 상대방을 매우 흥겹게 한다. 유능한 아나운서들을 유심히 관찰해 보면 이런 추임새에 능하다. 너무 과하지 않고 적당히 반응할 줄 아는 것, 물론 경험에서 나오는 것이지만 말이다.

매번 형식적으로 상대방의 말끝마다 추임새를 넣는 것은 바람직하지 않다. 요즘 특히 예능프로그램 등을 보면 스튜디오에 있는 관중이 '아~ 오~' 하면서 추임새를 넣는데 나는 그 반응들이 좀 과하고 가식적으로 느껴질 때가 많다.

그가 하고 있는 이야기가 진정 중요한 요소일 때 적당한 크기의 추임새는 대화의 활력소가 될 수 있는데 그러려면 물론 상대방의 이야기를 경청하고 이해하고 있어야 판단이 가능할 것이다.

5 | 어색한 침묵을 이용하라

내가 자주 쓰는 전략 중 하나인데, 사람들은 대화 도중 끊기는 침묵을 불안해 한다. 상대방이 애써 무언가를 숨기려는 의도로 돌려 말하고 있다거나 꾸며대고 있다는 의구심이 들면 나는 반응하지 않고 일부러 침묵이 흐르도록 내버려둔다.

왜냐하면 보통 그런 경우에는 숨기려는 사람은 심리적으로 불안하기 때문에 본인 스스로 더 꾸며내다 스스로 무덤을 파든지, 아니면 포기하고 진실을 말하든지 하는 경향이 있기 때문이다.

6 | 상대방의 직업과 취향을 존중하라

사회 저명인사들을 대할 때는 물론 정해진 틀에서의 응대가 중요할 수 있다. 하지만 기자라는 직업상 다양한 계층의 사람들을 직업을 막론하고 만나며 얻은 생각은 첫 만남도 내가 어떻게 이끌어 가느냐에 따라 분위기가 크게 달라질 수 있다는 것이다.

본래 특권 의식이 강하거나 자존심이 강한 인사를 인터뷰할 때는 물론 당당한 태도로 일관성 있게 대응하는 것도 중요하지만, 그에게 건방지거나 그의 권위에 도전한다는 과장된 표정이나 태도를 보여서는 안 된다.

이와는 대조적으로 온갖 고생을 거쳐 국밥집 창업에 성공한 사장을 인터뷰하는 경우, 너무 전문적인 창업지식을 들먹이며 거창한 질문을 하는 것보다는 그가 좀 더 말하기 편할 수 있도록, 국밥집에서 가장 인기가 좋은 메뉴는 무엇이냐, 혹은 국물의 비법이 무엇이냐 등 좀 더 친근하게 시작하는 것이 좋다는 뜻이다.

7 | 제스처로 사로잡아라

대화를 하다 보면 특별히 빠져들게 되는 사람이 있는데, 무엇보다 본인이 하고 있는 말에 열정적인 사람이다. 그들을 유심히 분석해 보라. 대부분 손을 많이 움직여 무언가를 강조하거나 표현한다. 얼굴 표정이나 목소리 톤의 강약 또한 다양해 그의 이야기에서 관심을 떼기 어려울 것이다.

그러나 과한 제스처는 과장되고 일부러 꾸미는 듯한 인상을 줄 수 있으니, 상대방의 이야기를 들을 때도 그렇지만 나의 이야기를 전할 때도 적절한 수준의 제스처가 필요하다.

제스처를 쓸 때는 꼭 진실하고 의미 있는 마음가짐으로 표현해야 하며 그것은 바로 상대방을 집중시키는 작은 무기가 될 수 있다.

8 | 본인의 나쁜 매너리즘을 버려라

　많은 사람을 접하다 보면 자주 보는 이상한 버릇들이 있다. 주로 남자들은 앉은 채 다리를 떨고 여자들은 머리를 만지작거린다. 혹은 옷을 만지작거린다거나 얼굴을 자꾸 만지는 사람들도 있다.

　예를 들면 코를 엄지와 검지로 잡아당기는 사람, 눈썹을 긁는 사람, 머리를 긁는 사람 등은 상대방의 집중을 흩트리고 그에게 좋은 인상을 남기기 어렵다.

　단추나 볼펜으로 장난치는 것도 좋지 않은 매너리즘이다. 본인 스스로 그러면서도 인지하지 못하는 경우가 있으니 나의 좋지 않은 버릇이 무엇인지 주변인들에게 물어보는 것도 필요하다.

짐승의 눈을 가져라

Place a radar in your vision

카페를 경영하는 친한 동생이 매번 하는 말이 있다.

"언니, 나는 매장에 딱 서 있으면 레이더가 사방으로 뻗은 것처럼 (그녀는 매번 양손을 눈에 갖다 댄 후 팔자로 뻗으면서 설명한다) 카페 돌아가는 게 다 보여. 어느 테이블이 지저분하게 안 치워져 있는지, 직원들이 지금 딴짓을 하고 있는지, 주방에서 나온 파스타가 식고 있는지, 어떤 손님이 몇 분 동안 앉아 있는지…."

바로 이렇게 주변 상황을 정확하게 파악하는 능력이 짐승의 눈이다. 이는 현재 내 주변에서 일어나는 현상에 대해 항상 민첩성과 각성 수준을 올려놓는 훈련을 해야 가능하다.

1 | 3분이면 충분하다

좋아하는 것과 싫어하는 것이 분명한 내 성격으로는 정확히 3분이면 상대방 파악을 마친다. 선입견은 결코 바람직한 것이 아니지만 사적인 자리에서는 대부분 처음 3분 이내에 상대방에 대한 감별이 끝나는데, 또 그렇다고 절대로 애초의 선입견이 바뀌지 않는다든지 그런 고집은 없다.

그러나 일로 만나는 경우에는 3분 이내에 상대방이 좋으냐 싫으냐를 결론 낼 필요도 이유도 없다. 단지 그가 '어떤 사람'인가를 재빨리 파악하는 것이 중요할 뿐이다. 그의 걸음걸이, 표정, 악수하는 스타일, 목소리, 그리고 인사말 이렇게 몇 가지만 보면 그가 적극형인지 소극형인지, 공격형인지 방어형인지를 알 수 있다.

파악이 중요한 것은 상대적으로 내가 어떤 자세를 취해야 그와 가장 효과적으로 커뮤니케이션을 할 수 있을지 결정할 수 있기 때문이다.

2 | 굶주린 사자처럼 영양가 있는 정보를 쫓아라

요즘은 인터넷 정보공유 시대이기 때문에 신문을 등한시하게 된다. 읽기도 불편하고 재활용으로 버리는 것도 귀찮아 많이들 보지 않는 추세지만 나는 아주 격렬한 신문예찬론자다.

우리가 인터넷으로 보는 포털사이트 제공 뉴스는 일단 게이트키핑(gatekeeping) 기준에 모순이 있다. 중요도 순이 아니라 인기도 순으로 웹 페이지에 배치되기 때문이다. 반면 주류 신문은 수

십 년의 오랜 경험과 취재를 바탕으로 한 데스크 국장급 언론인들의 객관적 판단이 반영되어 중요도에 따라 나열 배치된 기사들을 한눈에 볼 수 있다. 그러므로 정보를 소화하더라도 이 정보가 얼마나 객관성 있고 영양가 있는 것인지 잘 판단해야 한다.

3 | 하찮은 것도 경험이다

시야를 넓히기 위해서는 경험과 연륜이 정답이다. 언제나 후배들에게 해주고 싶은 조언 중 하나인데 하루 24시간이 아깝다 생각하고 무엇이든 닥치는 대로 '일단 해보기'가 정말로 중요하다.

각종 스포츠도 기회가 닿을 때마다 한 번씩은 꼭 해보고, 남자라서 비누 만들기는 싫다고 하고 여자라서 당구장엔 가기 싫다고 하지 마라.

클럽을 즐길 나이인데 웬 클래식 공연이냐고 반문하지 말고, 우리 엄마가 날 어떻게 키웠는데라며 빈민촌 노동봉사를 꺼리지 마라. 이 모든 다양한 경험은 본인이 욕심을 갖고 도전하지 않으면 불가능하다.

4 | 자기 전에 하루를 재방송하자

무의식 속의 관찰력은 인간에게 풀리지 않는 미스터리다. 우리는 알게 모르게 다 보았고 경험했지만 의식적으로는 그냥 넘어가는 경우가 참으로 많다.

이런 것들을 조금이라도 찾아내어 나의 각성도를 높이는 훈련

중 하나인데, 자기 전에 눈을 감고 그날 있었던 일들을 TV화면으로 보듯 시각적으로 재방송해 보는 것이다. 그저 훑고 지나가는 화면이 아니라 그 화면 속 오른쪽 구석에는 어떤 것들이 벌어지고 있는지, 왼쪽 아래에는 무엇이 진열되어 있었는지, 화면 속 주인공이 말을 하고 있는데 손의 제스처는 어땠는지 등등을 되짚어 꺼내 보는 훈련이다.

이런 시각적 훈련을 반복하다 보면 실제로 상황이 닥쳐왔을 때 어느덧 샅샅이 관찰하고 있는 자신을 발견할 수 있을 것이다.

카메라 테스트를 받고 처음으로 뉴스를 읽는 훈련을 받았을 때의 일이다. 몇 가지 사건, 사고, 경제뉴스 등등을 읽고 테이프를 돌려보는데 내 트레이너 리네트는 화면의 얼굴을 종이로 전부 가리고 눈만 보이게 해놓은 상태에서 볼륨을 높였.

과연 소식을 전하는 내 눈빛이 슬픈 소식을 전하는 눈빛인지, 매우 흥미로운 소식을 전하는 눈빛인지, 단지 사실만을 전달하는 눈빛인지 관찰하며 목소리를 들어보라는 것이다. 그런데 당연히 내가 보기에도 눈빛이 모두 똑같았다.

프롬프터에 돌아가는 글을 읽으랴, 얼굴이 너무 크게 나오는 건 아닌지, 조정실과 연결된 이어폰으로 무슨 지시가 내려오는지 다 신경 써야 하는 마당에 눈빛까지 신경 쓰라니 무슨 말인지 어리둥절했던 기억이 난다.

리네트가 비법이라며 가르쳐준 방법은 'visualization'이었다.

시각화 혹은 영상화해 머릿속으로 내가 말하고 있는 것을 느끼란 것이다. 그래서 뉴스 원고가 나오면 미리 읽고 각 제목 위에 '슬픔' '기쁨' '염려' '기대' '단순' 등의 메모를 해두었다 뉴스를 전달하기 바로 직전 0.01초 동안 그 내용을 영상으로 스쳐 지나가게 떠올린 후 visualize하면서 말을 하는 훈련이었다. 그 후 몇 달을 녹화하고 평가받고 거절당하기를 여러 번, 나중에는 집에서 마스크를 쓰고 거울을 보며 연습하다 하도 우스꽝스러워 킥킥 웃고는 했다.

수년 후 한국에 들어와 국내뉴스 방송을 보면서 참 딱딱하고 경직되어 있다는 느낌을 받았었는데 요즘 우리나라 아나운서들은 표현이 조금 더 자유로워진 것 같다. 특히 개인적으로는 MBC 김주하 기자의 눈빛은 정말 백 마디를 대신하는 억만 불짜리라고 생각한다.

간혹 나이가 어린 친구들에게서 자주 느끼는 경우인데, 대화 내용을 판단해 보면 그의 지적 수준은 상당한 데 비해 눈빛은 말 그대로 멍청하고 드라이하게 보일 때가 있다. 그런 친구들은 집에서 거울을 보고 연습하는 것도 좋은 방법이다.

앞에 거울을 두고 생각하는 바를 소리 내어 말해 보면서 본인의 눈빛을 스스로 판단하고 연구하라고 조언하고 싶다.

눈빛은 그 사람의 영혼으로 통하는 문이다. 사랑하는 사람끼리 서로 바라보는 눈빛을 보면 그들이 말 한마디 안 해도 서로 소통하고 있다는 것을 알 수 있지 않은가. 그렇기에 상대방과 소통하기 위해서는 나의 눈빛도 함께 말을 하고 있어야 한다.

친구에게는 선한 눈빛, 자식에게는 한없는 사랑의 눈빛, 도와주어야 할 상대에게는 공감의 눈빛으로 대하라. 그러나 일에서만큼은 아름다운 욕망이 가득한 눈빛으로 당당하게 임하는 자세가 필요하다.

입속에 말을 품지 말라

Never mumble

    수년 동안 ABC뉴스 서울지국 인턴십을 지원하는 학생들과 모교인 조지타운 대학교 신입지원생들을 면접하다 보니 내 나름의 기준이 생긴 것 같다. 가장 점수를 주기 싫은 경우가 본인의 뜻을 제대로 말로 전달하지 못하는 학생들이다.
    물론 어렵기도 하고 쑥스럽기도 할 테니 이해는 하지만, 설령 그 학생의 성적이 뛰어나고 과외활동 경력이 화려하다 해도 본인이 이뤄낸 성과에 대해 당당하게 설명하지 못한다면 별로 인상적이지 않다.
    아마도 한국 학생들이 중고등학교 시절 발표하거나 토론하는 훈련을 받지 못한 까닭도 있고 생활 자체가 너무 공부에만 시간을 보내고 가정이나 학교에서 대화를 많이 하는 문화 환경이 아니기 때문인 것 같다.

문제는 오랜 사회생활을 했음에도 불구하고 여전히 부정확한 발음과 발성을 고치지 못하는 분이 많다는 사실이다. 우물우물 말을 입에 품고 본인의 메시지를 제대로 전달하지 못하면 그 말의 내용도 말하는 사람도 신뢰도가 확연히 떨어질 수밖에 없다.

여러 사람이 경쟁적으로 이야기하는 상황이라면 더욱 비호감이다. 예를 들어 지상파 예능프로그램 중 '강심장' 같은 프로그램을 보면 어떤 이들은 본인의 이야기를 시원하고 심지어는 과장되게 풀어내는 재주가 있는가 하면, 말 자체가 느리기도 하지만 대체 무슨 말을 하는 건지 시청자 입장에서 더 신경 쓰고 귀를 쫑긋 기울여야 메시지가 이해되는 예능인도 간혹 나온다.

기자로서 인터뷰 대상을 정할 때도 말을 또박또박 하지 않는 분들은 가능한 한 다시 찾지 않게 된다. 시간은 항상 촉박하고 상대가 전달하고자 하는 메시지를 나 또한 에너지를 소비해 가며 굳이 이끌어내고 싶지 않아서다.

알찬 내용이 더 중요하다고 반문하는 분들도 있겠지만, 나는 말을 통한 커뮤니케이션이라는 것은 내용보다는 전달 방법과 그 효과가 더 중요하다고 생각한다. 왜냐하면 일단 내 말을 먼저 듣게끔 해야 내용이 좋은지 나쁜지 판단이 설 수 있을 테니까 말이다.

그래서 몇 가지 조언을 하고 싶다.

1 | 말은 끝까지, 그리고 흐리지 마라

말을 전체적으로 웅얼거리는 사람은 상대방에게 매사에 자신감 없고 무기력한 듯한 인상을 남기게 된다. 그리고 간혹 무엇을 물어보면 시작은 용기 내어 당당하게 대답하는데 문장 말미에 가서는 말을 끝까지 마무리하지 못하고 얼버무리는 경우가 있다.

이것도 습관이고 버릇이다. 성격이 연약해서 그럴 수도 있지만, 말을 함과 동시에 생각을 같이 하는 사람들이 그렇다. 만약 본인이 그렇다면 항상 미리 생각하고 나서 말을 내뱉는 습관을 기르자. 그리고 책을 읽는 연습을 하면 효과적인 결과를 얻을 수 있는데, 문장을 큰 소리로 읽으면서 문장의 시작은 의식적으로 조용하게 읽다 문장의 말미에는 더 큰 소리로 읽는 훈련을 반복적으로 하면 도움이 된다.

2 | 혀가 짧다면 더욱 자신감을 가져라

워싱턴포스트 기자로 활동할 때의 일이다. 한국에서 조기 영어붐이 한창이었는데 극성 어머니들이 아이들의 영어발음을 더 원어민처럼 하기 위해 혀 수술까지 시킨다는 뉴스를 취재했었다. 웃지도 울지도 못할 황당한 소재였지만 그만큼 정확한 발음이란 것은 사회생활을 하는 데 필수로 갖춰야 할 기본요소다.

요즘은 혀 짧은 발음을 하는 유명 배우도 많은 것 같은데 성인이 되어서는 완벽하게 고치기 힘든 것으로 알고 있다. 발음은 폐에서부터 공명하며 나와야 하고 성대와 목구멍, 혀의 위치, 그리고 입술과 치아의 모양에 따라 크게 좌우된다. 고전적인 방법으로는 볼펜을 입에 물고 큰 소리로 책을 읽는 연습을 하는 훈련방법도 있는데 일단 혀가 짧다고 해서 주눅 들지 말고 오히려 더 당당하고 자신만만하게 말하는 것이 중요하다.

3 | 코맹맹이 귀여운 컨셉트는 집에 두고 나와라

내가 영어로 보도한 뉴스방송을 보고 많은 사람이 목소리가 나와 다르게 느껴진다고 한다. 한국말을 할 때와 영어를 할 때의 톤이 확연히 다르기 때문이다. 특히 한국 여자들은 목소리 톤이 높은 편이다.

일본 여자들보다는 낮지만 문화적 환경으로 보면 한국 여자들은 가성으로 가녀린 톤으로 말하는 것이 '여자답다'는 생각을 많이 하는 것 같다. 폐로부터가 아닌 성대에서 나오는 발성을 하는 것이다.

방송국에서 보컬 트레이닝을 받으며 가장 많이 지적 받은 부분도 발성법이었다. 어려서부터 여자는 목소리가 크면 안 된다며 항상 '친절하고 상냥하게 고운 말씨를 쓰라'고 귀에 못이 박이도록 가정교육을 받고 자랐으니 말 그대로 내 목소리 톤은 친절하고 여성스럽기 때문이었다.

영어로 뉴스를 읽을 때마다 트레이너는 항상 농담 반, 진담 반으로 귀엽게 보이려고 하지 마라며 '아기 같은 하이톤(high tone)'은 집에 두고 나오라고 했었다. 신뢰성 있는 발음과 발성을 구사하지 못하면 방송기자로서 미래가 없다는 다소 충격적인 질책에 놀라 목이 쉴 때까지 녹음기를 들고 다니며 연습하곤 했다. 이제는 영어로 말할 때는 자연스럽게 중저음이 나오는데, 여전히 한국어로 말을 할 때 튀어나오는 한 단계 높은 음은 고치기 힘든 것 같다.

여하튼 방송기자가 아니더라도 사회생활을 하면서 남녀 모두 신뢰성 있는 말을 구사하려면 코맹맹이 소리와 어린아이처럼 귀엽게 말하는 스타일은 곤란하다. 물론 애인이나 배우자 앞이라면 상관없다. 때론 남자 상사들에게 귀엽게 말하는 것이 통할 때도 있겠지만 힘 있고 정확한 목소리를 구사하는 것은 사회인의 기본 중 기본이다.

4 | 침 튀기는 고성은 민폐다

목소리가 유난히 큰 사람들이 있다. 대개 씩씩하고 쾌활한 성격의 소유자들이 그렇다. 그런데 정작 자신은 그 큰 목소리와 동반하는 침 튀기는 화법이 얼마나 타인을 피곤하게 하는지 모른다. 특히 공공장소에서 전화할 때 그런 분들은 정말 눈살을 찌푸리게 한다.

가끔 지적을 받으면 잠시 조용하다 시간이 조금 지나 한참 이야기하다 보면 다시 목소리가 커져 있고 주변 사람들의 힐끗힐끗 쳐다보는 시선은 늘어난다. 어느 의사 선생님 말로는 목소리가 유난히 큰 사람들은 청각적으로 본인의 말이 잘 안 들리기 때문에 다른 사람도 못 들을 것이라고 생각해 점점 더 크게 말하는 경우도 있다고 한다. 그러나 이 또한 반복적인 훈련으로 좋아질 수 있으니 민폐는 삼가자.

Part Five
인생을 함께 갈 수 있는 동료를 만들라

Make everlasting friends in your life

코드가 맞는 사람끼리 이익집단을 구성하라

Creating a team with common values

　인맥은 능력이자 자산이다. 사회생활이 시작되면 각자 본인의 커리어와 연관된 새로운 인맥을 만들어가게 되고, 동시에 과거의 지연과 학연으로 형성된 인맥을 관리하며 활용해야 한다.
　이렇게 공통적 속성을 가진 사람들이 지속적이고 서로 유용한 관계로 뭉쳐 한 집단에 속함으로써 얻는 것을 프랑스 사회학자 피에르 부르디외(Pierre Bourdieu)는 '사회자본'으로 정의했다. 즉, 자본이란 경제적인 측면으로만 볼 것이 아니라 문화자본, 학력자본 등 다양한 관점에서 측량해야 한다는 것이다.
　요즘은 IT의 놀라운 발전으로 인맥을 형성하고 유지하고 관리하는 데 인터넷 또는 스마트폰을 이용한 트위터, 페이스북, 싸이월드 등 소셜네트워킹 도구들이 쓰이고 있다. 예전에는 직접 만나 시간을 함께 보내면서 인맥을 넓혀갔지만 요즘은 인터넷상에서 인맥을 만들어 나가고 또 거기에 쏟아 붓는 시간적 투자가 훨씬 많아지고 있다.

온라인에서나 오프라인에서나 '좋은' 인맥을 욕망하고 만들어 나가는 노력은 아름답다. 여기서 분명 '좋은' 인맥이란 나에게 도움이 되는 인맥뿐만 아니라 내가 도움을 줄 수 있는 인맥을 말한다.

교류라는 것은 쌍방향이다. 하나를 얻으면 둘까지는 주지 못할지언정 받은 만큼은 최소한 돌려주는 것을 원칙으로 한다. 서로 주고받을 수 있다는 삶 자체에 감사해야 한다.

너무 계산적이지 않냐는 의문도 있겠지만 냉정히 말해 모든 인간관계는 'give and take'다. 아무리 테레사 수녀라 해도 가난한 이들에게 봉사로 'give'하고 수많은 기부자와 서포터로부터 존경을 'take' 했을 것이다.

부모도 자식을 내리사랑으로 'give'하고 말년에는 자식으로부터 보살핌으로 'take' 한다. 마찬가지로 사회생활에서도 누군가에게 'give' 했으면 당당하게 'take' 할 수 있는 냉철함이 있어야 하고, 누군가로부터 'give'를 받았다면 응당 'take' 하게끔 기회를 주는 의리가 있어야 한다.

매스미디어를 통해 인지도가 급상승한 인기 연예인을 제외하고 우리 주변에 있는 지인 중 사교적이며 인맥 넓은 사람들을 살펴보면 그들은 무엇이든 돕고 나서는 데 적극적이다. 또한 그만큼 활동적으로 움직이면서 타인에게 도움을 청하는 데 자연스럽다. 이것을 흔히 좋은 말로 인맥을 '활용한다'고 표현하고 나쁜 말로는 인맥을 '이용한다'고들 한다.

활용이든 이용이든 코드가 맞는 사람들끼리 뭉쳐 함께 이익집단을 만들면 멤버들에게는 활용이 되는 것이고, 각자 바라는 목표가 비슷해 모였는데 뭉치지 못하면 서로 이용 대상이 될 수밖에 없는 것이다.

한국은 특히 공동체적 성격이 강한 사회문화가 지배한다. 사람들이 각자 개인일 때는 주저하다 무언가 단체로 일을 벌일 때는 참여에 적극적이고 호흡도 착착 맞는 것 같다. 그러다 누구 한 사람이 영웅시되어 돋보이거나 너무 튄다 싶으면 각종 제약과 시험에 들어간다.

이런 문화가 옳고 그른 것인지를 떠나 나는 다수가 속한 이익집단보다는 최소 2~3명부터 최대 20명 정도가 함께하는 그룹을 선호하는 편이다. 왜냐하면 그 이상이 모이면 임원진을 뽑고 투표를 하고, 명분상 행사를 치르게 되는 등 형식적인 것에 시간을 너무 투자해야 하기 때문이다.

그리고 어차피 그 이상의 회원 수가 되면 모임 안에서도 끼리끼리 뭉쳐 소그룹을 형성하니 어딘가에 종속되는 것을 유난히 싫어하는 내 성격상 큰 협회, 모임, 단체, 포럼 등은 나와 맞지 않는다는 것을 일찍이 깨달았다.

그래서 나는 작은 인원수로 이루어진 여러 그룹으로 네트워킹을 하는데 그 그룹들이 각기 참 다르다. 전화번호부에 그룹을 만들어 저장 분류해 놓은 것을 매년 초에 다시 보면서 정리해 나가는데, 그 리스트가 20개는 넘는 것 같다. 가족, 베스트프렌드(20년 이상 된 가족보다 더 가까운 친구, 언니, 오빠, 동생들), 친구, 장학생(개인적으로 후원하는 학생들), 조지타운 대학 동창, 연세대 지인, 골프 최고위과정 지인, 골프 버디들(언제나 같이 운동하면 기분 좋은 골퍼들), 골프친구, 아티스트 지인(패션, 디자인, 예술가), 청담동 마케팅지인(브랜드 회사 임원과 홍보 마케팅하는 친구들, 그리고 패션지에 근무하는 기자들), 레스토랑(먹는 것을 매우 좋아하다 보니 식당 운영하는 친구가 많다), ABC뉴스 본사 동료, ABC뉴스 서울지국(소중한 역대 인턴들 포함), 외국기자 동료(예전 직장에서 친했던 지인들), 내신기자A(좋아하는 분들), 내신기자B(그냥 알아두는 분들), 학계(가끔 인터뷰하는 교수님들), 법조계, 닥터친구(아플 때마다 도움 받는 고마운 지인들), 북한(전문가, 탈북자, 통일부·국방부 관계자들), 미국친구, 아시아친구, 그외(여행사, 도우미 아주머니, 은행직원) 등등으로 구성되어 있다.

그리고 한 그룹이 더 있음을 고백하는데 'no-no'라는 분류가 있다. 이들은 전화를 안 받을 수는 없지만 내가 피해야 하는 사람들로 저장되어 있다. 성격이 워낙 잘 잊어버리는 경향이 있어 내게 해를 끼칠 사람이라거나 이미 너무 큰 피해를 준 사람이라 해도 몇 년 만에 전화가 오면 반갑게 받고 신나게 이야기하다 기약 없는 약속을 잡아버린 경우가 다반사였기 때문이다.

이 문제의 'no-no' 그룹을 제외한 모든 그룹은 내게는 하나하나 소중하고, 그들과의 관계유지는 내 일상생활에서 매우 큰 부분을 차지한다.

이 중 가장 반갑고 언제나 만나면 즐거운 팀은 당연히 베스트프렌드 그룹이다. 바쁜 일정을 소화해야 하고 약속을 했다가도 뉴스가 터지면 급히 취소해야 하는 일의 성격상 나는 웬만하면 식사나 골프 약속을 잡지 않는다.

나중에 취소할 상황이 벌어지면 미안하기 때문이다. 그래서 비워놓았다가 당일이나 하루 전날 편하게 연락해 밥 먹을 수 있는 베스트프렌드 그룹을 가장 아낀다.

동창이나 모임에서 알게 된 지인들은 정기적인 만남에서 얼굴을 마주치니 따로 관리할 필요가 없지만 내가 항상 신경 쓰는 그룹은 무엇보다 일과 관련된 그룹들이다. 보통 내 쪽에서 부탁 혹은 인터뷰 요청 전화를 해야 하는 취재원인 의사들과 학계, 법조계, 그리고 북한과 긴밀하게 관련된 지인들이다.

나는 그들의 연락처와 명함에 꼭 메모를 해두는데 예를 들어 '2011년 1월, ABC뉴스, 북한식량부족, 키 크고 동그란 얼굴, 뿔테안경, 성격 까칠함, 땀 많이 흘림, 여름 평양방문예정' 식으로 자세히 기록한다.

그리고 나중에 통화하거나 인터뷰를 다시 하게 되면 늘 그들을 기억하고 있다는 신호를 준다. 땀을 많이 흘리는 사람이라면 미리 손수건을 준비한다거나 '평양엔 잘 다녀오셨느냐'는 식의 안부 인사로 내가 늘 그들을 기억하고, 신경을 쓰고 있다는 점을 어필한다. 지인들을 신경 쓰고 관리하는 것은 결국 나에게 큰 이점으로 돌아온다는 것을 잘 알고 있기 때문이다.

영원한 내 편은 나 자신이 만들어야 한다

It's all up to you

평소 인맥을 넓히고 싶다며 어떻게 그렇게 많은 사람을 알고 있고, 또 그렇게 관리를 잘하느냐고 나에게 묻는 후배들이 있다.

그럴 땐 간단하게 답해 준다.

"너나 잘하세요……."

웃자고 하는 농담이지만 여하튼 결국 스스로 주변 사람들에게 먼저 잘해야 사람들이 절로 모여든다는 이야기를 하고 싶었다.

대부분의 사람은 방어적인 경향이 있기 때문에 누군가가 친해지려는 목적이 있어 다가오면 일단 한발짝 물러나게 되어 있다. 그러나 상대의 진심이 느껴진다면, 그리고 반갑게도 당신이 그 누군가에게 평소에 알고 싶었고 친해지고 싶었던 사람이라면 당신을 거부하지는 않을 것이다. 인맥을 관리하고 유지하는 나만의 비법을 몇 가지 나누고자 한다.

1 | 작은 것에라도 전문가가 되어라

소속된 분야의 최고 전문가가 꼭 되라는 말이 아니라 어떤 것이라도 한두 가지 월등히 잘하는 것이 있어야 한다는 뜻이다. 친한 남자 후배 중 권재류이라는 친구가 있다. 그는 투자회사를 운영하면서도 멋진 사진을 찍어 블로그를 운영하고 영화와 음악에 조예가 깊어 각종 장르에 대해 그 어떤 대화를 나누어도 모르는 게 없는 재주꾼이다. 그의 주변에는 그래서인지 항상 다양한 분야에서 활동하는 좋은 지인이 많이 포진되어 있어 부러움을 사고 있다.

이렇듯 본인의 주된 일과 전혀 다른 분야의 것들로 취미생활을 하되, 습득을 게을리하지 않는다면 좋은 성과가 나게 되어 있다. 회사 내에서 당구 실력이 제일 뛰어나다든지, 노래를 아주 잘한다든지, 얼리어답터로 새로운 기술에 능하다든지 하는 작은 것들도 자연스레 소문이 나게 되고 소문이 나야 사람들이 몰려든다.

2 | 먼저 주고 나중에 받아라

먼저 'give' 하고 베풀라는 뜻이다. 도움이 필요한 이들에게 봉사하고 그들이 감사히 여겨 나의 힘을 더 절실히 느껴준다면 성공한 것이다. 그렇지만 박애주의자가 아닌 이상 적당한 선에서 베푸는 것이 좋다.

먼저 베풀되 열댓 번을 먼저 도움을 주고 봉사했는데도 한두 번 되갚기는 고사하고 감사함을 모르는 대상에게 조건 없이 계속 주는 것은 곤란하다. 서로 도움이 되는 관계를 욕망하는 것이 중요하다.

3 | 누군가 적대감을 갖고 달려들면 조용히 피하라

아끼는 여자 후배 한 명은 정부 어느 부처에서 자랑스러운 공무원으로 일하고 있다. 그녀의 고민은 그 부처를 장악하고 있는 선배 몇 분이 유독 그녀를 힘들게 한다는 것이다.

아주 예쁘고 특출하게 똑똑한 재원이라 한참 윗분에게는 잠재력이 매우 강한 친구로 주목 받고 있으나 그 사이에 있는 급수의 공무원 선배들에게는 가시 같은 존재인가 보다. 그녀에게 내가 해준 말은 단 한마디, '버텨라'다.

간혹 정말 독한 사람은 타당한 이유도 없이 끊임없이 사람을 괴롭히는데 그 대상이 내가 되면 매우 피곤하다. 누군가 적대감을 갖고 달려들 때 맞서 싸우면 가십거리밖에 되지 않는다. 진실의 내막을 일일이 밝힐 수도 없는 것이니 결과적으로 이미지 손상만 입게 될 뿐이다.

이럴 때는 조용히 피하는 게 좋다. 진실은 꼭 밝혀지게 되어 있다. 그런 악한 마음자세로 일하는 사람은 현재 집중적으로 괴롭히고 있는 나 말고도 이미 예전에 만들어진 다른 적이 많을 것이다.

고로 지금 이 순간 내가 아니더라도 자연스럽게 그는 응징 받게 되어 있다고 생각하자.

4 | 위기에 처한 지인은 꼭 찾아가라

어느 누구나 인생의 사이클이 있다. 좋은 소식이 있을 때는 묵묵히 축하하고, 실패와 위기에 처한 지인은 반드시 찾아가 위로해주고 도움을 제공하자. 예를 들어 결혼식은 못 가도 문상은 주저 말고 꼭 가라는 뜻이다.

같은 네트워크에 속한 모든 사람이 비난하거나 모른 척할 때, 냉철하게 판단해 혹 그가 잘못을 저질렀다 해도 나를 해하지 않았다면 그룹의 감정에 동조하지 말고 빠져라. 왕따시키는 데 참여하는 것은 그 어느 것보다 비겁한 짓이다. 그리고 왕따를 주동하는 사람과는 거리를 두라. 언젠가 그는 나 또한 왕따시킬 수 있는 사람이니까. 다수에게 당하고 있는 소수에게는 항상 자비로운 마음으로 'benefit of the doubt'를 주어야 한다. 즉, 증거가 충분하지 못한 경우에는 그의 말을 믿어주고 선의의 해석을 하는 것이다.

설령 왕따를 당하고 있는 누군가가 명백히 잘못이 있다 해도 사람은 어느 누구나 유혹에 빠지고 실수한다는 것을 잊지 말자. 그는 한 인간이고 나의 지인으로서 위로 받을 자격이 있는 것이다.

5 | 한번 맺은 인연은 마음속에 길게 담아두어라

내게는 언제나 마음속에 깊게 담긴 분들이 있다. 평생 사업을 하다 클래식과 오페라에 반해 풍월당을 운영하셨던 김병태 사장님, 고독해 보이지만 위트가 가득한 조선일보 의학전문 김철중 기자님, 혼신을 다해 희생을 감수하고 간 이식수술 세계 최고권위자로 자리 잡은 아산병원 이승규 박사님 등 1~2년에 한두 번밖에 만나지 못해도 말로 표현할 수 없는 그 무언가 끈끈함과 다정함으로 맺어진 인연들이다.

이런 분들처럼 내 마음속에 그들과의 관계를 길게 담아두고, 어쩌다 전화나 이메일로 안부를 전하더라도 한결같은 인연들을 만들고 소중히 간직하는 것이 중요하다.

인맥을 넓힌답시고 이 사람 저 사람 여러 명을 가볍게 만나는 것만큼 어리석은 것이 없다. 나의 범주에 상대방이 가벼운 존재로 있다면 그의 범주에 나도 마찬가지이니 이런 상황은 인맥이라 표현할 수도 없다. 단지 제3자에게 그를 '안다'라고 말할 수 있는 것 이외에는.

6 | 가족, 베스트프렌드, 멘토를 떠받들라

이들은 언제나 내 편이기 때문에 소홀하기 쉽다. 나에게 언제나 힘이 되어 주는 20~30년 된 친구들 - 사춘기 시절 함께 방황했던 추억이 깊은 기진이, 유학생활을 같이 하고 이제는 천재 아들의 극성엄마가 된 수정이, 그리고 일본에서 친정엄마처럼 항상 챙겨주는 천사 정은 언니- 이들은 지금의 나와 너무나도 다른 생활패턴 속에서 살고 있지만 개인적으로 힘든 일이 있을 때면 언제든지 달려가도 따뜻하게 안아주는 가족 같은 존재들이다. 사회생활에 열중하다 보면 하루 24시간 일과 관련된 사람들과 더 많은 시간을 보내게 되는데 나는 항상 그들에게 미안한 마음이 있어 더 신경 써서 함께할 시간을 마련하려고 노력한다. 바쁘다는 핑계로 그들은 나와 가까우니 이해해 줄 것이라 믿고 뒷전으로 밀어내는 어리석음을 범하지 말아야 한다. 조건 없이 나에게 골수 서포터스가 되어주는 이들만큼 강력하고 소중한 내 편은 없다.

7 | 소셜네트워킹을 활용하라

트위터(Twitter)와 페이스북(Facebook)은 나에게 새로운 친구들을 안겨주었다. 소셜네크워크의 폭발적인 발전으로 커뮤니케이션 방법이 완전 새로운 패러다임으로 바뀌고 있는 것이다.

가령, 예전에는 시간을 내어 직접 얼굴을 보고 소개받고 함께 식사하며 대화 속에서 서로를 알아가는 동안 친해졌다면, 이제는 만나지 않고서도 서로 소개하고 엮어주고 알아가는 '초스피드형 알아가기'가 가능해진 것이다.

짧은 시간에 훨씬 더 많은 사람과 동시에 교류하며 인맥을 쌓을 수 있게 된 것이니 얼마나 효과적인가. 또 아는 사람들끼리 그루핑해 카톡으로 모두가 공유하는 대화를 한다는 것만큼 매력적인 소통방법은 이제껏 없었던 듯하다.

내가 특히 페이스북을 좋아하는 이유는 나름 '자정작용'이 있기 때문이다. 특히 한국은 워낙 사회가 좁은지라 몇 명만 거치면

서로 아는 경우가 꽤 있기 때문에 본인의 경력을 속인다거나 속인 것이 많은 사람은 꼭 귀띔이 들어오게 되어 있다. 또한 짧은 분량의 글이라 할지라도 그 사람의 포스팅을 대략 둘러보면 어떤 성격에 어떤 성향의 사람인지 대충 알 수 있다. 사회에 불만이 가득한 글만 올리는 사람과 끊임없이 본인 사진이 아닌 보정된 셀카를 올리는 사람은 피하는데, 특정 정치적 편향성을 갖은 사람을 피하지는 않는다. 그것은 개인의 자유이고 존중받을 자격이 있기 때문이다. 그러나 본인과 다른 정치적 이념을 갖은 타인에게 공격적이고 비판적인 사람은 가까이 하고 싶지 않아하는 편이다.

진솔한 사람이 좋다. SNS를 자랑과 허세의 도구로 쓰는 자보다는 본인의 생각과 사고를 진솔하게 나누는 그런 친구들을 소중하게 생각하게 되는 것이다. 그런 면에서 내게 인스타그램(instagram)은 아직 페이스북보다는 덜 유용한 것 같다.

아직 나의 트위터 패턴은 직접 알거나 소개받거나, 알고 싶은 유명인사 정도만 팔로우 하는 '소극적 트윗'이다. 간혹 팔로잉을 몇 만 명씩 하며 맞팔을 강요하는 사람, 몇 만 명씩 팔로우가 들어오면 대부분 맞팔을 해주는 사람도 있는데 그분들은 어떻게 그 많은 사람들과의 커뮤니케이션을 관리하는지 대단하다는 생각이 든다.

8 | 전략적으로 정보통을 찾아내라

어느 모임이건 인맥의 중심에 서 있는 사람이 있다. 그와의 관계를 돈독히 하라. 그가 새로운 인맥의 문을 열어줄 것이다.

9 | 일주일 중 하루를 '지인데이'로 정하라

서울에서의 월요일은 미국이 일요일이라 상대적으로 조용하다. 그래서 나에게 매주 월요일 점심과 저녁은 일과 연관되지 않은 지인을 만나는 날이다. 평소 알고 지내고 싶었던 사람들이나 '밥 한 번 먹자'를 서너 번이나 해놓고 못 만난 사람들과 의식적으로 시간을 보내자는 나 자신과의 약속이다.

10 | 시간과 약속은 칼같이 지키고 청탁과 부탁은 어렵게 하라

사회생활의 기본이지만 시간 지키는 일도 어찌 보면 습관이다. 매번 늦는 사람, 자주 약속을 연기하는 사람에게 오래가는 인맥은 절대 없다. 마찬가지로 청탁을 자주 하거나 부탁을 남발하는 사람은 멀리하고 싶은 게 인지상정이다. 그러나 꼭 필요하다면 상대방이 내게 어렵사리 말을 꺼내게 하고, 본인도 어느 누구에게 부탁할 일이 있다면 어렵게 꺼내야 한다.

11 | 만나서 함께하는 시간만큼은 나의 전부를 주어라

일단 누군가와 자리를 함께한다면, 그가 나의 관심을 완전히 사로잡고 있다는 느낌이 들도록 상대방에게 집중해야 한다. 질적으로 풍부한 시간(quality time)을 가지라는 말이다.

인맥관리를 한답시고 대화 도중 전화 받고 문자 확인하는 사람,

공공장소에서 만나 두리번거리다 아는 사람이 나타나면 느닷없이 쫓아가 인사하며 친분을 과시하는 사람, 모두 꼴불견이다. 앉아서 그 사람만을 바라보고, 내 이야기보다는 상대방의 의견을 경청하라.

12 | 마지막에는 항상 상대편에게 기회를 주어라

오랜만의 전화 통화를 끊을 때도 '더 할 말 없어?'라고 마지막에 상대에게 말할 기회를 주고, 만났다 헤어질 때도 '오늘 어땠어? 시간이 너무 짧았지요?'라고 물어준다면 그는 기대 이상으로 감동할지도 모른다. 상대방의 입장을 배려하는 것, 사회생활의 기본 중 기본이다.

끝까지 함께한다고 생각하라

One for all, all for one

본사와 떨어져 '서울지국'이라는 곳을 맡고 있는 나는 큰 조직에 대한 애사심보다는 함께 서울지국을 지키는 동료인 두 분의 카메라 기자에 대한 동료애가 더 진하다. 광화문 언론재단빌딩의 작은 사무실에서 함께한 지 벌써 19년째.

함께 최루탄을 맞았고, 함께 금강산에 올랐고, 함께 자장면과 떡볶이로 끼니를 때우며 큰 사건이 터질 때마다 함께 밤을 새웠다. 선배 이동빈 기자님은 벌써 외아들이 장가갈 나이가 되었고, 후배 채승훈 기자는 세 아이의 아빠가 되었다.

너무나도 감사한 것은 다행히도 우리 셋은 흔히 사내에서 있을 수 있는 다툼이나 신경전이 단 한 번도 없었다는 사실이다. 성향 자체가 세 명 모두 공격적이지도 사적 욕심이 과하지도 않아서인지는 모르겠다. 그렇다고 사교성이 뛰어나거나 엄청 친한 척하지도 않는다.

19년 동안 우리는 단 한 번도 함께 술을 마시거나 그 흔한 노래방에도 가본 적이 없다. 나도 그렇지만 두 분의 기자님도 겉으로 표현하는 성격이 아닌 묵묵히 본인 할 일을 하면서 서로 배려하는 스타일인데, 작은 배려는 사람을 감동케 하고 그 배려들이 쌓이면 굳건한 믿음으로 발전하게 되는 것 같다.

가령 배고프거나 추운 것을 유난히 참지 못하는 나에게 촬영을 준비하는 동안 따뜻한 곳에 들어가 있도록 배려해 줄 때, 무거운 장비는 함께 들고 다니는 것이 예의인데도 못 들게 할 때, 조금이라도 더 잠잘 수 있도록 신경 써 줄 때, 나는 그들의 세심한 애정을 느낀다.

그런데 평화로운 서울지국에 가끔 문제가 생긴다. 큰일이 터지면 입국하는 국제뉴스부서 지원인력, 타 부서 기자와 프로듀서, 혹은 자매회사 기자 중 일부 인종차별적 언행을 하는 사람들 때문이다.

아주 가끔 보는 몰지각한 이런 서양인들의 경우인데, 이들은 영어를 잘 못하는 동양인 카메라맨은 'local people'로 치부해 버리고 막 대하는 경향이 있다. 심지어 알아듣지 못한다고 착각해

영원히 혼자서 살 수 있는가?
그렇지 않다면 '사람이 재산' 이라는
만고불변의 법칙을 기억하라.
그들을 나를 오랫동안 지탱하고 지켜줄
영원한 동료로 임명하라.

비하하거나 비꼬는 영어로 무시하는 발언을 하기도 하고, 원하는 동영상을 얻지 못하면 본사 데스크에게 지국 인력들이 잘못해 못 얻은 것처럼 허위보고를 하기도 한다.

나는 말하는 스타일이 강하고 직설적이기는 하지만 싸우고 갈등을 조장 증폭시키는 것 자체를 워낙 싫어하는 성격이다. 그렇지만 상대방이 나보다 선배이고 보스일지언정 서양인 기자나 프로듀서들이 우리 지국 카메라 기자를 무시할 때 흥분하지 않을 수 없다.

게다가 내 안테나는 항상 올라가 있기 때문에 같은 공간에 있으면 아무리 먼 구석에서 통화한다 해도 뭐가 어떻게 사무실에서 돌아가고 있는지 다 들리고 보이는데 어떡하겠는가. 이럴 때는 조용히 계단으로 불러 따지는데 아주 심했다면 우리 지국 기자님들께 직접 사과하기를 권한다.

참 애매한 문제이기도 한데 완전히 인종차별적인 발언을 직접적으로 하지는 않지만 말투나 억양 등이 동양인을 비하하는 식으로 나오는 경우가 있다.

90년대 말 나를 ABC News에 스카우트한 아시아 총책임특파원, 지금까지 내가 본 방송기자 중 가장 완벽하고 뛰어난 기자가 있었다. 그의 기자적 통찰력과 방송원고의 정확성 등은 정말 최고였지만 대인관계에서는 워낙 낙제점인 기자였다.

한국 직장사회에서는 윗사람이 아랫사람에게 막말을 하거나 무언가를 던지거나 심지어는 폭력을 행사해도 무방한 경우가 있는 것으로 알고 있다. 그렇지만 미국 회사에서는 그런 성격의 소유자는 '성격장애자'로 취급받아 미미하면 정신상담을, 심하면 퇴사를 시킨다.

그가 유일하게 항상 웃고 신경질 내지 않는 대상이 나였는데 문제는 그 이외 아시아 각 나라의 지국에서 일하는 모든 사람에게 수년간 그런 식으로 대하고 있었다는 사실이다. 아마도 본인이 밀어주겠다고 생각해 스카우트한 후배라서인지 그는 이상하리만큼 나에게만 친절했다.

그런데 어느 날 본사에서 연락이 오기를, 그가 성격이 불안정해 아시아 스태프 인력들에게 무례하게 굴고 있다는 보고가 있으니 내 의견을 달라는 것이었다.

불경기에 들어섰는지라 연봉이 기자로서는 회사 내 최고 수준인 그를 해고하려는 의도가 다분히 깔려 있는 요청이었다. 아마도 두 달은 고민한 것 같다. 그래도 소위 그의 '라인'인데 그런 경향이 있다고 보고하면 배신이고 또한 간혹 서울지국 카메라 기자들에게 무례하게 굴더라도 그런 것을 싫어하는 나를 배려해 항상 나중에는 사과하던 그를, 다가올 그의 재계약 협상에 불리하게 만들 수는 없었기 때문이다.

그러던 중 남북한 관계가 대결국면에 들어서는 사건이 발생해 그가 입국하게 되었다. 회사 내 입지가 좁아져서인지 그는 잔뜩 예민한 상태였는데 그날따라 카메라 기자들이 찍어온 동영상을 놓고 마음에 안 든다고 고함을 지르고 어린아이를 혼내듯이 심한 말을 하는 것이었다.

　서로 커뮤니케이션이 잘 안 되어서 충분히 일어날 수도 있었던 사소한 실수였다. 억울해도 영어로 싸움이 안 되어 당하고 있는 우리 기자들을 대신해 설명해 주었지만 그는 담당 프로그램 책임자에게 전화를 걸어 미숙한 로컬 스태프와는 일을 못하겠으니 본사 카메라 기자들을 보내 달라며 불평을 늘어놓는 것이었다.

　나는 그 순간 결심했다. 그리고 창피했다. 나를 아끼고 밀어주는 보스였기 때문에 그동안 그가 서울지국 카메라 기자들에게 무례하게 굴었던 것에 단지 매번 사과하니까 괜찮다고 스스로 정당화하고 있었던 비겁한 나 자신을 발견하게 되었기 때문이다.

　그리고 일주일 후 국제뉴스 책임자에게 알려주었다. 나에게는 아니지만 나와 함께 일하는 카메라 기자들에게는 실상 그렇다고. 그 후 그는 퇴사했고 나와 연락을 끊어버렸다. 채용 당시 경력 5년밖에 안 되었던 새내기 기자인 내게 과분한 기회를 준 보스인 그에게 지금도 죄송한 마음이 있지만, 함께 서울을 지키고 있는 우리 팀에게는 결과적으로 편안해질 수 있는 큰 사건이었다.

　이렇듯 19년이란 세월을 동고동락하면서 서울지국팀은 함께 서로를 지켰다. 그런데 우리에게 최근 위기가 닥쳐왔다. 전 세계적으로 모든 전통 미디어 회사들이 인터넷 발달로 인한 광고수입 감소로 재정난을 겪고 있는지라 살벌한 감원, 감축, 임금삭감 바람이 분 것이다.

　서울지국도 예외가 아니었다. 예산이 부족하니 다른 도시들처럼 지국을 없애고 집에서 일하면서 카메라 기자는 필요할 때만 프리랜서를 고용해야 할 것 같다는 것이었다. 두말할 것 없이 나는 우리 팀이 함께 가야 한다고 했고, 내 계약조건을 바꾸어 일하는 날을 줄여 연봉을 하향조정하고, 대신 서울지국은 유지하자고 제안했다.

　왜냐하면 우리 팀원들의 관계 밑바탕에 탄탄하게 쌓인 굳건한 믿음이 우리를 지금껏 지켜주었고, 앞으로도 어떠한 취재를 하더라도 그들과 끝까지 함께하고 싶으니까 말이다. 돈이나 시간만으로 결코 환산할 수 없는 것. 그것이 바로 사람, 나의 동료다.

'나'라는 작은 테두리를 넘어서라

Boost yourself out of the norm

외신기자라는 직업 덕분에 나는 줄곧 한국뿐만 아니라 세계 곳곳의 정세와 뉴스에 귀를 기울이는 법을 배웠다. 그만큼 내가 속한 세상의 범주를 남보다 늘 넓게 생각할 수 있었던 것 같다.

그렇기에 나뿐만 아니라 지인들과 후배들에게도 늘 외국어의 중요성을 강조해 왔고, 또 한 치 앞도 파악할 수 없는 것이 우리네 인생이지만 그래도 앞날을 읽고자 노력하는 식견을 기르라고 매번 타일렀다.

굳이 멀리 보지 않더라도 이웃 나라인 중국만 해도 큰 변화를 겪고 있다. 불과 10년 전만 해도 한국 기업들의 투자를 받기 위해

안간힘을 쓰던 중국이 이제는 삼성, 현대, LG 등 대기업의 투자제안도 골라서 받는다. 중국은 미국 정부의 끊임없는 인권문제 제기에도 눈 하나 깜짝하지 않고 오히려 적반하장이라며 큰소리를 치고, 남북한이 대결하고 있는 한반도 정세를 쥐락펴락하고 있다.

이렇게 우리는 싫든 좋든 나날이 강력해지는 거대한 중국 대륙 옆의 매우 작은 이웃나라로 존재한다. 한국의 위치가 이전보다는 월등히 격상하긴 했지만 한국어를 쓰는 세계 인구의 수나 한국이라는 나라에 대해 정확히 인지하고 있는 사람들, 그리고 한국 특유의 전통적인 가치관에 대해 얼마나 많은 사람이 공감하고 있을지는 아직도 미지수다. 애석하지만 우리는 세계 속에서 여전히 '작은' 한국일지도 모른다.

그런데 숫자적으로나 지리학적으로나 열세이긴 해도 우리들에게는 남들보다 큰 자산이 있는데 그것은 바로 협동심이다. 여러 나라를 거쳐오며 생활한 나도 이런 점을 피부로 느낀다.

뭉치면 살고, 흩어지면 죽는다고 했던가. 이런 협동심이야말로 미국도 중국도 따라올 수 없는 한국만이 갖고 있는 장점이라고 생각한다.

그런데 이런 협동심이 알게 모르게 우리를 한 테두리 안에 가두어놓는 결과를 초래한 것이 아닌지 가끔 의문도 든다. '우리는 하나'라는 모토 아래 획일적인 관습과 가치관이 강요된 것은 아닐까, 누군가가 다수의 성향과는 다르거나 눈에 띄면 먼저 그 자체를 부정적으로 해석하는 경향이 있는 것은 아닐까, 그러다 보니 정해진 테두리 안에서 우리끼리 서로 경쟁하고 자리싸움을 하고 있었던 것은 아닐까. 이는 누구나 꼭 한번쯤 생각해 볼 문제라 생각한다.

이제 무엇이 원인이든 이 책을 읽고 계신 독자들은 지금껏 나 자신을 가두고 있던 그 테두리를 박차고 나가보라고 권하고 싶다. 어떤 테두리라도 좋다. 이는 자신감 없이 주눅 들어 있던 나 자신의 테두리를 벗어나는 것일 수도 있다.

내가 꼭 알려주고 싶은 것은 문화적 관습에 의한 생각과 사고의 테두리를 부숴버리면 무한한 세상이 펼쳐진다는 것이다. 나 또한 그랬다. 내가 외신기자로 활동할 수 있었던 근본적인 이유는 바로 '여자라서 못할 것'이라는 당시의 답답한 사고를 스스로 깰 수 있었던 까닭이다.

문화적 가치관으로 정해진 옳고 그름의 상식도 장소에 따라 옳고 그름을 따질 만한 이슈가 못 되기도 한다. 그리고 시간이 지나면 모두가 지켜왔던 테두리는 바뀌게 되어 있다. 단지, 함께 움직여야 하는 상황이니 속도가 느릴 뿐. 먼저 움직이는 자는 반드시 먼저 얻게 되어 있다.

나는 일찍이 한국사회에서의 여성의 역할, 사제 간이나 부모자식 간의 충효사상, 소수의 인권존중 등에 대해 진보적인 생각을 지니고 있었고, 이를 표현하는 데 주저하지 않았다. 그래서 그 당시에는 맹랑하고 욕심 많은 여자로 보였겠지만 지금은 다르다고 생각한다. 한국 사회는 생각보다도 훨씬 빠르게 변하고 있다.

요즘 젊은 세대는 오히려 맞벌이 부부를 선호하고, 교수의 부당한 처사를 당당히 고발하고, 예전 같으면 손가락질 받을 다문화 가정의 반한국인 아이들에 대해 고민할 정도로 열린 사회가 되었다.

나는 이 책을 통해 인생을 길게 보라, 세상은 넓고 할 일은 많다, 노력하면 반드시 이루어진다 등의 상투적인 표현은 별로 쓰고 싶지 않다. 다만 지금 이 책을 읽고 있는 여러분은 한국만의 기준이 아닌 세계 속에서의 나 자신을 생각할 수 있기를 바란다.

그러기 위해서는 일단 선입관을 버리고 내 머릿속을 말랑말랑한 상태로 유지해야 한다. 나는 그래서 일부러 아주 극단적인 경우를 자주 상상한다.

일부다처제, 합법적 동성연애, 삼진아웃 사형제도, 종교통일 등 지금 우리 사회의 기준으로 보았을 때는 말도 안 되는 것들이지만 다른 나라에서는 정상적일 수도 있는 것들을 상상하며 스스로를 타이른다. '그럴 수도 있지, 유난 떨지 말자'라고.

이렇게 사고의 범주를 늘렸다면 자신이 염두에 두고 있는 시간적 기준도 길게 잡아보자. 바로 앞날이 아닌 먼 훗날까지 시야를 넓히고 계획하라는 말이다. 눈앞의 이익이나 성공에만 목을 매고 안달복달하며 사는 인생도 있고, 매일 일희일비하느라 작은 것에도 쉽게 좌절하는 인생들도 있다.

하지만 나 역시 이런 무수한 절차탁마의 과정을 겪었고, 느낀 것이 있다. 무엇이든 길게 볼 수 있어야 하고, 내 인생을 위한 욕심과 욕망을 끝까지 지킬 수 있어야 한다는 것이다. 지금 당장 괴롭고 힘든 일이 있더라도 이에 쉽게 쓰러지지 않고, 지치지 않고 질주할 수 있게 하는 힘.

바로 이것이 지금껏 외신기자로서 달려온 내 인생을 부축했고, 다독였으며 다시 시작할 수 있게 한 힘, '아름다운 욕망'이다.

더불어 함께 꿈꿀 수 있다면

Epilogue

 마지막으로, 조금 먼저 세계 무대에 발을 들여놓은 선배로서 이 책을 읽는 독자들에게 몇 가지 조언을 하고 책을 마무리하고자 한다.
 첫째, 다양한 언어 능력은 기본이다. 영어를 잘하기 힘들다고 푸념하는 후배들에게 항상 냉정하게 말하지만 공부는 못해도 언어만큼은 목숨을 걸고 배워두라고 한다. 한국에서 평생 살아도 외국어 하나쯤 소화하지 못하면 이미 글로벌화의 뿌리가 깊숙이 내린 한국 사회에서도 뒤처질 수밖에 없을 것이다. 영어도 중국어도 불어도 힘들면 아랍어라도 배우라고 꼭 권하고 싶다. 빠른 시일

안에 유용하게 쓰일 기회가 올 것이다.

둘째, 세상이 돌아가는 일에 귀를 기울여야 한다. 인터넷 포털 사이트에 뜨는 가십성 국제뉴스가 아니라 진정으로 국제관계와 국제경제가 어떤 시점에 와 있고 어떤 방향으로 흘러가는지를 검증된 전통 매체를 통해 찾아보라는 뜻이다.

시사 감각은 본인이 욕망해야 길러진다. 평소에도 뉴스와 자주 접하고 본인이 관심 있는 분야는 조금 더 깊게 파고들어 세미나 혹은 포럼 등에서 전문가들은 어떤 생각을 갖고 있는지 찾아보는 노력, 그리고 그들과 교류하려는 적극성도 필요하다.

셋째, 나의 후배들은 부디 유연한 전략가가 되어 여러 가지를 한꺼번에 욕망하고 모두 이루어냈으면 좋겠다.

예전에는 한 우물만 파는 것이 미덕이었는지 몰라도 이제는 멀티태스킹(multi-tasking)이 가능한 시대가 되었으니 하루를 두 배로 산다면 많이 배우고 다양하게 경험할 수 있을 것이다.

요즘은 일명 투잡, 스리잡을 가진 사람을 흔히 볼 수 있다. 나처럼 기자와 사업을 겸하기도 하고, 가수 겸 사진작가 겸 광고마케팅 사업을 하는 후배도 있다. 심지어 엔터테인먼트 투자회사와 한식집을 함께 경영하는 선배도 있다. 낮에는 학생으로 밤에는 벤처사업가로 활동하는 젊은이도 보았고, 피아니스트 겸 모델 활동을 하는 동생도 있다. 그리고 가장 존경하는 이 나라의 모든 일하는 어머니들, 아이를 키우며 커리어 우먼으로 살아가는 것은 그 어떤 도전보다도 아름답다.

자, 이제 모두 옷장 속에서 튀어나와 진정한 자유인으로 살아가자. 미국식 표현이기는 하지만 바로 이 'Jump out of your closet'이 가장 전하고 싶은 메시지다. 나를 둘러싸고 있는 고정관념의 틀을 깨고 박차고 나와 새로운 세상을 호기심으로 욕망하라는 것이다.

내가 소화할 수 있을 정도의 원칙은 세워놓고, 편견 없는 열린 마음으로 그것을 끈질긴 노력으로 지키며 살아가는 삶, 바로 이것이 아름다운 욕망이다.

욕망은 기본적으로 '더불어 사는 세상'을 전제로 해야 한다. 세상은 결코 혼자 사는 것이 아니니까. 그렇기 때문에 자신의 욕망을 위해 분주히 움직이되 타인에게 피해를 주지 않는 선에서 이룰 수 있어야 한다.

그 과정에서 희로애락을 함께할 수 있는 영원한 사람들과 더불어 함께 꿈꾸는 것, 그것이 바로 내가 말하고 싶었던 현명하고 행복한 아름다운 욕망이다.

Joohee is…

　주희 언니를 처음 만난 건 약 6년 전, 내가 오랜 외국생활을 정리하고 한국에 들어온 지 얼마 되지 않았던 시기였다. 그때 언니의 인상은 아담한 체구에 또렷한 눈빛이 빛나는 마치 소녀의 얼굴을 가진 어른과도 같은 느낌이었고, 그 첫인상은 수년이 지난 지금까지도 바뀌지 않고 있다. 가녀린 체구에 그녀가 품고 있는 큰 그릇은 내가 알고 지내는 어떤 여성보다도 깊고 크다. 조근조근한 말씨에 날카로운 핵심을 놓치지 않는 모습은 예쁜 외모보다도 더욱 매력적이다. 언니의 지인 중 한 사람으로서 언니가 너무 자랑스럽다. 언니는 늘 나를 지금보다 멋진 여성으로 거듭나게 하는 모티브가 되는 사람이다. 책 출간을 축하드리며, 앞으로 조주희라는 여성의 십 년 뒤 모습이 더욱 기대되는 바다.

강예나 발레리나 트위터 @superyena

* * *

조주희는 스펙트럼 같은 여자다. 누가 어떠한 상황을 비추어 주는가에 따라 현저하게 다른 색을 내뿜는 것처럼. 때론 천진난만하게, 애교스러운 여동생 같은, 때로는 카리스마 넘치는 커리어우먼으로… 하지만 일상에선 소탈하고 평범한 여자로서의 매력을 뿜는 그녀의 책은 그녀의 화려한 이력을 제쳐 두고라도 궁금하기 짝이 없다. 심지어 남자인 내가 가방 속에 슬쩍 넣어 두고 틈날 때 한 장씩 읽고 싶어질 정도로.

KT KIM 사진작가 트위터 @studiokt

* * *

그녀의 주변엔 유난히 그녀를 따르는 후배가 많다. 그녀는 나를 포함한 수많은 후배에게 늘 삶에 대한 욕망을 가질 수 있어야 한다고 조언한다. 후배들이 성장 과정에서 겪는 진통, 그리고 늘 꿈꾸는 성공에 대한 조언에서 그녀는 항상 멋지고 우아하게 자신의 욕망을 실현할 수 있는 그녀만의 노하우를 아낌없이 공유한다. 그녀의 조언들은 언제나 구체적이며 현실적이다. 이는 이 분주한 경쟁시대를 숨 고를 새 없이 살아가는 우리들에겐 마치 고속 충전기

같은 역할을 한다. 그녀의 거침없는 도전이, 그리고 삶에 대한 지혜와 통찰이 고스란히 담긴 이 책을 통해, 보다 많은 이가 더 크게 도전하고, 또 그 과정에서 더 큰 열정을 발휘할 수 있게 되리라 믿어 의심치 않는다.

김미현 러쉬코리아 영업본부장 트위터 @mihyunemail

* * *

'아름다움'에는 많은 것이 포함된다. 외적 아름다움인 외모, 그리고 겉으로 드러나는 말투와 행동 등. 그런데 내적인 아름다움을 이야기할 때 반드시 놓치지 말아야 할 게 한 가지 있다. 바로 아름다운 마음씨를 포함한 '인생에 대한 아름다운 열정'이다. 열정이 부재한 삶은 무미건조하고, 또 발전도 없다. 조주희 지국장은 그런 점에서 외모는 물론 내적인 아름다움도 충만한 사람이다. 아름답게 욕망하라. 그녀의 아름다움을 압축하는 제목임에 틀림없다.

김병건 BK동양성형외과 원장

* * *

조주희 지국장은 참 희한한 사람이다. 성별과 연령을 가볍게 뛰어넘어 누구와도 친구가 된다. 나는 지금껏 사고의 방향과 크기로 쉽게 친구가 되지 못하고, 학연과 나이만으로 친밀감의 척도를 정하는 우리 사회의 경직성에 불만이 많았고 이런 점이 국제무대에서도 소통의 걸림돌이 되는 것을 많이 보아왔다. 나와 조 기자는 성별도 다르고 학연이나 지연도 없고, 나이 차이도 근 10년이 나고, 또 살아온 길도 다르지만 인생의 중대사를 결정하는 고비마다 함께 의논할 정도로 속 깊은 친구다. 나에게는 이런 조 기자가 성별과 연령을 극복한 유일한 친구지만 놀랍게도 조 기자에겐 이런 친구가 꽤 많다. 때론 내가 잘못 살아온 게 아닐까 하는 생각이 들 정도로···. 그녀는 이런 소중한 사람들을 새로운 인연으로 만나게 해 주는 취미도 가졌다. 그녀가 만든 만남의 자리를 통해 인맥들은 다시 씨줄 날줄로 얽혀 성별과 나이와 직업을 뛰어넘는 진정한 통합의 장을 만들기도 한다.

그녀의 결혼식도 그랬다. 서로 안면도 없는 낯선 이들이 모두 모여 친구가 되는 소통의 장이 열렸다. 모두 함께 모여 목이 터져라 '대한민국'을 외쳤고, 흥겨운 파티가 이어졌다. 자신의 결혼식마저 친구들에게 헌납할 줄 아는 그녀의 사려 깊음에 갈채를 보낸다. 그녀가 추구하는 욕망 중 하나가 바로 사람을 배려하고 사랑하고자 하는 그녀의 마음이 아닌가 싶다. 이 책의 발간으로 독자들과 그녀 그리고 그녀의 친구들이 모두 하나가 되기를 기원한다.

김병태 CWT 코리아 회장, 풍월당 대표

* * *

우리나라 미디어는 외국 언론의 시각에 민감하게 반응하곤 한다. 우리의 문제가 외신을 통해 다뤄지면, 그 자체가 큰 뉴스로 처리되는 게 일반적인 분위기다. 미국 미디어에서 취급한 한국의 사건이나 '소동'이 우리 언론에 의해 더 크게 부각돼 다뤄지는 경우도 종종 본다. 우리는 아직도 '변방국 콤플렉스'를 갖고 있는 모양이다. 한편으로는 외국 미디어의 '단순한 시각'으로 봤을 때 한국은 아직도 전쟁 중이나 마찬가지다. 늘 북한의 위협에 시달리는 불안한 국가일 뿐이다. 중국과 일본에 비해, 특색이 적은 작은 나라로 비친다.

그런 면에서 조주희 기자가 ABC 뉴스를 통해 내보내는 기사는 보도 이상의 의미가 있다. 기자로서 조주희씨는 가능한 한 우리의 좋은 면, 긍정적인 모습, IT · 의료 등 새로운 코리아 트렌드를 담아 외국에 알리려고 애쓴다. 이런 작업이 활성화될수록 우리와 미국의 교집합은 확대되고, 더 나아가 우리의 글로벌 시각도 다양해진다고 본다. '조주희 기자'가 많아져야, 우리가 그리는 세상의 폭도 넓어질 것이다.

김철중 조선일보 의학전문기자 · 의사

* * *

대학생 시절, '영어기사작성'이란 전공수업에서 조주희 선생님을 처음 만났다. 선생님의 빼어난 외모와는 어울리지 않는 건조하고 직설적인 말투, 철저한 실무 위주의 강의에 반해 그 어떤 수업보다 열심히 들었다. 선생님은 편견을 싫어하고 자기관리에 철저하고 욕심이 많다. 일할 때의 눈빛은 무서울 정도로 냉정하다. 하지만 후배들을 위해 아낌없이 시간을 내주시고, 부족한 제자의 방송을 지금까지도 모니터해 주시는 따뜻한 분이시다. 그간 지인들에게 늘 자랑해 온 나의 은사가 쓴 책이 나와 매우 기쁘다. 책 속에 담긴 선생님의 철학과 원칙, 세상을 바라보는 눈, 그리고 뜨거운 심장을 읽고 많은 독자가 큰 감명을 받아 열정적으로 사고하는 법을 터득하기를 바란다.

윤수영 KBS 아나운서 트위터 @suziespace

* * *

조주희. 그녀에 대한 나의 첫인상은 '예쁘다'였다. 물론 사진작가라는 나의 직업적인 첫인상이었지만. 하지만 그녀를 알아가면서 아름다움 뒤에 숨겨진 지독한 그녀의 프로근성을 느끼고 왜 그녀가 '조주희'인지를 알게 되었다. 그녀의 지인들은 그녀에게 '주희여신'이라는 표현을 쓴다. 그만큼 아름답지만 카리스마와 강한 아우라가 있기 때문이 아닐까? 그녀가 쓴 책이라면 충분히 기대해 봐도 좋을 것 같다. 다시 한번 진심으로 축하 인사를 전한다.

이강신 사진작가 • 음악가 트위터 @kangshinlee

* * *

매력은 무엇보다 사람의 내면에서 나온다. 단순히 외모가 아름답다고 해서 매력적인 사람이라 이야기하기는 어렵다. 나는 매력의 구성 요소를 크게 두 가지로 나누는데, 그 첫째 요소는 바로 자주성이다. 독립적이고 자주적이지 않은 사람은 추하다. 그런 점에서 조주희 기자는 매우 자주적이고 독립적인 여성이다. 남의 힘을 빌리거나 부모에 기대지 않고 스스로의 길을 개척해 왔기 때문이다. 그는 항상 스스로 판단할 줄 아는 사람이다. 둘째 요소는 창의성이다. 창의적이지 않은 사람은 지루하다. 조주희 기자는 매우 독창적이면서도 감각적인 인물이다. 사물의 이면을 볼 줄 알고 세상의 이치를 직관적으로 설명할 줄 안다. 그것이 그녀를 좋은 기자이자 방송인으로 만든 비결이 아닐까. 그녀의 매력을 독자들이 이 책을 통해 느낄 수 있기를 바란다.

이왕준 외과의사, 명지의료재단 이사장

아름답게 욕망하라

초판 1쇄 | 2011년 7월 7일
12쇄 | 2021년 8월 8일

지은이 | 조주희

발행인 | 이상언
제작총괄 | 이정아
편집장 | 조한별

디자인 | Design co*kkiri
표지, 소표제지 사진 | KT KIM 케이티 김
사진 리터칭 | 이은영
메이크업 | JUN CHO 쥰 초
장소 협찬 | Raffles Hotel Singapore
의상 협찬 | Kay Kim, Fendi

발행처 | 중앙일보에스(주)
주소 | (04513) 서울시 중구 서소문로 100(서소문동)
등록 | 2008년 1월 25일 제2014-000178호
문의 | jbooks@joongang.co.kr
홈페이지 | www.joongangbooks.co.kr
네이버 포스트 | post.naver.com/joongangbooks
인스타그램 | @j__books

ⓒ 조주희, 2011

ISBN 978-89-278-0232-7   03320

값 13,000원

- 이 책은 저작권법에 따라 보호받는 저작물이므로 무단 전재와 무단 복제를 금하며 책 내용의 전부 또는 일부를 이용하려면 반드시 저작권자와 중앙일보에스(주)의 서면 동의를 받아야 합니다.
- 책값은 뒤표지에 있습니다.
- 잘못된 책은 구입처에서 바꿔 드립니다.

중앙북스는 중앙일보에스(주)의 단행본 출판 브랜드입니다.